Anonymous

Polizeistrafgesetzbuch für das Königreich Bayern

Anonymous

Polizeistrafgesetzbuch für das Königreich Bayern

ISBN/EAN: 9783743638891

Hergestellt in Europa, USA, Kanada, Australien, Japan

Cover: Foto ©Suzi / pixelio.de

Weitere Bücher finden Sie auf **www.hansebooks.com**

Polizeistrafgesetzbuch

für das

Königreich Bayern.

Amtliche Ausgabe.

Beilage II. zum Gesetz vom 10. November 1861, die
Einführung des Strafgesetzbuches und Polizeistrafgesetz-
buches für das Königreich Bayern betreffend.

München, 1861.
In der Expedition des Gesetz- und Regierungsblattes.

Polizeistrafgesetzbuch

für das

Königreich Bayern.

Amtliche Ausgabe.

München, 1861.
In der Expedition des Gesetz- und Regierungsblattes.

Druck der k. Hofbuchdruckerei von J. Rösl in München.

Inhaltsverzeichniß.

Erste Abtheilung.
Allgemeine Bestimmungen.

Zweite Abtheilung.

Besondere Bestimmungen über die einzelnen Uebertretungen.

Erstes Hauptstück.

Uebertretungen in Bezug auf Sicherheit des Staats, einzelne Staatseinrichtungen, Regierungsrechte und öffentliche Verpflichtungen.

Zweites Hauptstück.

Uebertretungen in Bezug auf öffentliche Ruhe, Ordnung und Sicherheit.

Drittes Hauptstück.

Uebertretungen in Bezug auf Reisen und Fremdenpolizei.

Viertes Hauptstück.

Arbeitsscheue, Landstreicherei, Bettel, unerlaubtes Sammeln, Gaukelei.

Fünftes Hauptstück.

Uebertretungen in Bezug auf Sittenpolizei.

Sechstes Hauptstück.

Unerlaubte Glückspiele.

Siebentes Hauptstück.

Achtes Hauptstück.

Neuntes Hauptstück.

Uebertretungen in Bezug auf Straßen- Reinlichkeits- und Wasserpolizei.

Zehntes Hauptstück.

Uebertretungen in Bezug auf Feuerpolizei und Brandversicherung.

Elftes Hauptstück.

Uebertretung baupolizeilicher Vorschriften.

Zwölftes Hauptstück.

Vermögensgefährdungen.

Dreizehntes Hauptstück.

Uebertretungen in Bezug auf Maß und Gewicht, Polizeitaren, Viktualien- und Marktpolizei.

Vierzehntes Hauptstück.

Uebertretungen in Bezug auf Gewerbs- und Erwerbs-Polizei.

Fünfzehntes Hauptstück.

Uebertretungen in Bezug auf das Dienstbotenwesen.

Sechzehntes Hauptstück.

Uebertretungen in Bezug auf Land- und Forstwirthschaft, Jagd und Fischerei.

X

Erste Abtheilung.

Allgemeine Bestimmungen.

Art. 1.

Die Bestimmungen des gegenwärtigen Gesetzbuches sind nur auf jene Uebertretungen anwendbar, welche in diesem Gesetzbuche behandelt oder welche nach einem besonderen Gesetze als Polizeiübertretungen zu betrachten sind.

I. Anwendung des Gesetzbuches.

Art. 2.

Als Polizeiübertretungen können nur solche Handlungen oder Unterlassungen gestraft werden, welche zur Zeit der That durch die Gesetze oder durch eine nach Maßgabe derselben giltige Verordnung oder polizeiliche Vorschrift unter Polizeistrafe verboten waren.

Art. 3.

Im Auslande verübte Polizeiübertretungen werden nur dann gestraft, wenn dies durch Gesetze oder durch Staatsverträge auf Grund zugestandener Gegenseitigkeit angeordnet ist.

Polizeistrafgesetzbuch. 1

Art. 4.

Die Polizeistrafen sind:
1) Arrest,
2) Geldstrafe.

Art. 5.

Die Arreststrafe kann nicht auf mehr als 42 Tage und nicht auf weniger als 12 Stunden zuerkannt werden.

Hinsichtlich des Vollzuges und der Schärfung der Arreststrafe gelten die in den Art. 20, 21, 23, 24 und 40 Abs. 3 des Strafgesetzbuches enthaltenen Bestimmungen.

Während der Nacht findet eine Entlassung aus dem Arreste, auch wenn die Strafzeit abgelaufen sein sollte, gegen den Willen des Arrestanten nicht statt.

Art. 6.

Geldstrafe kann vorbehaltlich besonderer gesetzlicher Bestimmungen nicht in höherem Betrage als zu 150 fl. zuerkannt werden.

Die Geldstrafen fließen, wo nicht das Gesetz ein Anderes bestimmt, in die Staatskasse.

Art. 7.

Die Geldstrafe ist ohne Rücksicht auf die Zahlungsfähigkeit des Schuldigen auszusprechen.

Wird die gänzliche oder theilweise Uneinbringlichkeit der Geldstrafe durch ein

Zeugniß des Erhebungsbeamten festgestellt, so soll dieselbe in Arreststrafe umgewandelt werden.

Die Umwandlung wird auf staatsanwaltschaftlichen Antrag ohne weiteres Verfahren durch den Polizeirichter nach folgendem Maßstabe verfügt:

1) an die Stelle von Geldstrafen bis zu 1 fl. tritt 12 stündiger Arrest;

2) an die Stelle von Geldstrafen von mehr als 1 fl. bis zu 3 fl. tritt 24 stündiger Arrest;

3) bei höheren Strafbeträgen werden 3 fl. einem eintägigen Arreste gleichgeachtet und hiebei die sich allenfalls ergebenden Bruchtheile eines Tages außer Ansatz gelassen.

Die an die Stelle einer Geldstrafe tretende Arreststrafe darf in den Fällen der Art. 177, 179, 208 Abs. 4 und 230 die Dauer von 90 Tagen, außerdem die Dauer von 42 Tagen einfachen Arrestes nicht übersteigen.

Art. 8.

In Fällen gerichtsbekannter Zahlungsunfähigkeit des Schuldigen ist die verwirkte Geldstrafe in dem Strafurtheile zwar auszusprechen, dem Polizeirichter bleibt jedoch überlassen, die Umwandlung derselben in die nach Maßgabe des Art. 7 entsprechende Arreststrafe sogleich zu verfügen, ohne daß zuvor die Zahlungsunfähigkeit förmlich festgestellt ist.

1*

Art. 9.

Dem Verurtheilten bleibt im Falle einer in Gemäßheit der Art. 7 und 8 erfolgten Strafumwandlung jederzeit die Befugniß, sich durch Erlegung des Strafbetrages, soweit derselbe durch die erstandene Arreststrafe noch nicht getilgt ist, von der letzteren frei zu machen.

Art. 10.

III. Folgen der Strafen:
A. Konfiskation.

Auf Konfiskation einzelner Sachen als Folge einer Polizeiübertretung kann nur in den vom Gesetze bestimmten Fällen und nur insoweit erkannt werden, als solches ohne Verletzung dritter nicht schuldiger Personen möglich ist.

Die Konfiskation tritt nur dann ein, wenn dieselbe im Strafurtheile ausdrücklich ausgesprochen ist.

Ist bei geringfügigen Uebertretungen die Konfiskation einzelner Sachen zu verhängen, so ist der Polizeirichter ermächtigt, nach den Umständen dieselbe als Strafe auszusprechen und von Beifügung weiterer Strafe Umgang zu nehmen.

Werden konfiszirte Gegenstände veräußert, so fließt der Erlös, insoferne nicht für besondere Fälle das Gesetz ein Anderes verordnet, in die Staatskasse.

Art. 11.

B. Polizei-aufsicht.

Die wegen einer Polizeiübertretung Verurtheilten können nur dann unter Po-

lizeiaufsicht gestellt werden, wenn der Po=
lizeirichter in dem verurtheilenden Erkennt=
nisse die Zulässigkeit dieser Maßregel aus=
drücklich ausgesprochen hat.

Dieser Ausspruch ist nur in den vom
Gesetze bestimmten Fällen zulässig.

Liegt ein solcher Ausspruch des Poli=
zeirichters vor, so kann die Distriktspolizei=
behörde der Heimath des Verurtheilten,
wenn sie es den Verhältnissen angemessen
erachtet, die Stellung desselben unter Po=
lizeiaufsicht verhängen. Sie bestimmt in
diesem Falle zugleich deren Dauer, welche
jedoch zwei Jahre nicht übersteigen darf. Die
Zeit der Polizeiaufsicht wird von dem Tage
an gerechnet, an welchem der Verurtheilte
die gegen ihn erkannte Arreststrafe erstan=
den hat.

Art. 12.

Die Polizeiaufsicht hat die in dem Straf=
gesetzbuche Art. 38 Abs. 1 und 2 bestimm=
ten Folgen.

Gegen diejenigen, welche auf den
Grund des Art. 90 oder 97 unter Poli=
zeiaufsicht gestellt worden sind, kann die
Distriktspolizeibehörde die Aufsicht dahin
erweitern, daß dieselben während der Nacht=
zeit ihren Wohnort und selbst ihre Woh=
nung ohne Erlaubniß nicht verlassen dürfen.

Art. 13.

Die betreffende Distriktspolizeibehörde
ist befugt, die Dauer der Polizeiaufsicht

abzukürzen, wenn der Beaufsichtigte befrie-
digende Proben von Besserung gegeben hat.

Art. 14.

C. Verwahr-
ung in einer
Polizeianstalt.

Verwahrung in einer Polizeianstalt
als Straffolge einer Polizeiübertretung
kann nur in den vom Gesetze bestimmten
Fällen und nur insofern verfügt werden,
als im Strafurtheile die Zulässigkeit dieser
Maßregel ausdrücklich ausgesprochen ist.

Liegt ein solcher Ausspruch des Poli-
zeirichters vor, so kann die Distriktspolizeibehörde der Heimath des Verurtheilten,
wenn sie es den Verhältnissen angemessen
erachtet, auf Verwahrung erkennen. Sie
bestimmt in diesem Falle zugleich deren
Dauer, welche jedoch ein Jahr nicht übersteigen darf.

Die Behandlung der in einer Polizeianstalt Verwahrten richtet sich nach Art.
41 des Strafgesetzbuches.

Die betreffende Kreisverwaltungsstelle
hat bezüglich der Abkürzung und Verlängerung der Verwahrungsdauer die in
dem Art. 42 des Strafgesetzbuches angeführten Befugnisse.

Art. 15.

D. Ausweisung
der Ausländer.

Gegen Ausländer ist anstatt der Po-
lizeiaufsicht oder Verwahrung in einer
Polizeianstalt die Landesverweisung in dem
Strafurtheile auszusprechen.

Ist die Vollziehung der Landesver=
weisung nicht möglich, so kann die Di=
striktspolizeibehörde anstatt derselben Poli=
zeiaufsicht oder Verwahrung in einer Polizei=
anstalt verhängen.

Art. 16.

Andere als die in den vorhergehenden
Artikeln bezeichneten Straffolgen einer
Polizeiübertretung treten nur dann ein,
wenn sie auf Grund einer besonderen Ge=
setzesbestimmung im Strafurtheile ausdrück=
lich ausgesprochen sind.

Die gesetzlichen Bestimmungen über
Einstellung und Einziehung von Gewerben
bleiben vorbehalten.

E. Sonstige
Bestim-
mungen über
Straffolgen.

Art. 17.

Der Versuch einer Polizeiübertretung
ist straflos.

IV. Versuch.

Art. 18.

Die auf die Polizeiübertretung gesetzte
Strafe trifft nicht nur den Thäter, sondern
auch den Anstifter (Strafgesetzbuch Art. 54
Ziff. 1).

Haben mehrere Personen als Thäter
oder Anstifter an einer Polizeiübertretung
Theil genommen, so verwirkt jeder Mit=
schuldige die gesetzliche Strafe.

Für Schadenersatz und Kosten haften
die sämmtlichen Mitschuldigen unter soli=
darischer Verbindlichkeit.

V. Theilnahme
und Begünstig-
ung.

Iſt jedoch der Thäter eine unzurech=
nungsfähige Perſon oder ein Untergebener,
welcher dem Befehle eines Dienſtvorge=
ſetzten innerhalb ſeiner dienſtlichen Ver=
pflichtung Folge geleiſtet hat, ſo iſt nur
derjenige verantwortlich, durch deſſen An=
ſtiftung oder Befehl die Polizeiübertretung
verurſacht worden iſt.

Werden polizeiliche Vorſchriften, für
deren Beobachtung im Sinne des Geſetzes
das Familienhaupt, der Hausherr oder
Hausbeſitzer, der Dienſtherr, Lehrherr, Ge=
werbsinhaber oder Unternehmer zu ſorgen
hat, auf deſſen Anordnung oder Befehl
durch Hauskinder, Mündel oder Pflegbe=
fohlene, Dienſtboten, Lehrlinge, Lohnarbeiter
oder ſonſtige Hilfsarbeiter verletzt, ſo haf=
tet nur derjenige, auf deſſen Anordnung
oder Befehl die Polizeiübertretung verübt
worden iſt, ſofern nicht der Thäter beſon=
derer polizeilicher Abmahnung oder Auf=
forderung zuwider gehandelt hat.

Sonſtige Theilnahmshandlungen ſowie
die Begünſtigung werden nur dann ge=
ſtraft, wenn das Geſetz es ausdrücklich vor=
ſchreibt.

Art. 19.

VI. Vorſatz u.
Fahrläſſigkeit.

Soweit nicht aus den Worten oder
aus dem Sinne des Geſetzes hervorgeht,
daß lediglich die vorſätzliche Polizeiüber=
tretung als ſtrafbar zu erachten iſt, ſind
auch die aus Fahrläſſigkeit bewirkten Poli=
zeiübertretungen ſtrafbar.

Art. 20.

VII. Straf-
milderung.

Liegt einer der im Art. 68 des Strafgesetzbuches bezeichneten Milderungsgründe
vor, so ist die gesetzliche Strafe zu
mildern.

Die gemilderte Strafe darf auf keinen
Fall die Hälfte des höchsten gesetzlichen
Strafmaßes übersteigen, kann jedoch vorbe-
haltlich der Bestimmungen des Art. 5
Abf. 1 unter das geringste Maß der im
Gesetze angedrohten Strafe herabgesetzt,
auch darf gesetzlich angedrohte Arreststrafe
in Geldstrafe umgewandelt werden.

Diese Strafmilderung findet auch dann
statt, wenn der Uebertreter zur Zeit der
That noch nicht das sechzehnte Lebensjahr
zurückgelegt hatte, derselbe aber die zur
Unterscheidung der Strafbarkeit seiner
Handlung erforderliche Ausbildung gehabt
hat. In diesem Falle darf auch auf Arrest
unter 12 Stunden erkannt oder die Strafe
unter angemessener Verwarnung ganz erlassen werden.

Art. 21.

Unkunde von Polizeivorschriften begründet im Allgemeinen weder Ausschließung
noch Minderung der Strafbarkeit. Ergibt
sich jedoch aus den Umständen, daß die
Uebertretung einer nicht allgemein bekannten
orts-, distrikts- oder oberpolizeilichen Vorschrift verübt worden ist, weil der Uebertreter diese Vorschrift nicht gekannt hat,

so ift der Polizeirichter ermächtigt, auf eine
geringe Geldstrafe zu erkennen oder, soferne
der Thäter die übertretene Vorschrift nicht
leicht in Erfahrung bringen konnte, densel=
ben loszusprechen.

Art. 22.

VIII. Anrech=
nung der Un=
terfuchungs=
haft.

Jede wegen einer Polizeiübertretung
erlittene Untersuchungshaft ift an der ver=
wirkten Strafe ihrer vollen Dauer nach
in Anrechnung zu bringen, und zwar unter
Anwendung des im Art. 7 bestimmten Um=
wandlungsmaßstabes, wenn die verwirkte
Strafe eine Geldstrafe ift.

Art. 23.

IX. Rückfall.

Die Bestimmungen über den Rückfall
find nur dann anwendbar, wenn eine Per=
son, welche auf Grund einer Strafbestim=
mung zu einer Polizeistrafe rechtskräftig
verurtheilt worden ift, binnen Jahresfrist
vom Tage der Verurtheilung an sich einer
nach der nämlichen Bestimmung zu bestra=
fenden Polizeiübertretung schuldig macht.
Bei Personen, welche nach Art. 14 in
einer Polizeianstalt verwahrt worden find,
wird die Jahresfrist von dem Tage der
Entlassung aus dieser Anstalt berechnet.

Art. 24.

X. Zusammen=
fluß.

Hat Jemand in einer und derselben
Handlung zugleich mehrere Polizeiüber=
tretungen oder neben solchen eine oder

mehrere nach andern Gesetzen strafbare
Handlungen begangen, so soll nur dasjenige
Strafgesetz, welches die schwerste Straf-
ausmessung zuläßt, in Anwendung gebracht
werden.

Hat Jemand durch verschiedene Handlungen mehrere Polizeiübertretungen oder
neben solchen eine oder mehrere nach anderen Gesetzen strafbare Handlungen begangen, so ist die durch jede Polizeiübertretung verwirkte Strafe neben der nach
anderen Gesetzen etwa begründeten Strafe
mit folgenden Beschränkungen in Anwendung zu bringen:

1) neben einer Verbrechensstrafe ist auf
   eine verwirkte Arreststrafe nicht zu
   erkennen;

2) bei dem Zusammentreffen einer Arreststrafe mit Gefängnißstrafe ist erstere
   in Gefängnißstrafe zu verwandeln,
   jedoch darf die Gesammtstrafe das
   für das abgeurtheilte Vergehen bestehende höchste gesetzliche Strafmaß
   nicht überschreiten;

3) bei dem Zusammentreffen mehrerer
   Arreststrafen darf die Gesammtstrafe
   42 Tage Arrest nicht übersteigen;

4) bei dem Zusammentreffen mehrerer
   Geldstrafen darf, wenn es sich um
   Uebertretungsstrafen handelt, die
   Summe von 150 fl., wenn Ver-
   gehens- und Uebertretungsstrafen zu

verbinden. ſind, die Summe von
1000 fl. nicht überſchritten werden,
ſoferne nicht auf Grund einer beſonderen geſetzlichen Beſtimmung
eine höhere Strafe Platz greift,
welche in dieſem Falle allein auszuſprechen iſt.

Auf die in Gemäßheit der Art. 10
bis 15 oder ſonſtiger beſonderer geſetzlicher
Beſtimmungen zuläſſigen Folgen einer Polizeiübertretung hat deren Zuſammentreffen
mit einer anderen Polizeiübertretung oder
einer nach ſonſtigen Geſetzen ſtrafbaren
Handlung keinen Einfluß. Jedoch iſt auf
Verwahrung in einer Polizeianſtalt nicht
zu erkennen, wenn der Schuldige zu einer
Verbrechensſtrafe oder zu einer zwei Jahre
überſteigenden Gefängnißſtrafe verurtheilt
wird.

Art. 25.

XI. Verjähr-
ung.

Vorbehaltlich beſonderer geſetzlicher
Beſtimmungen für einzelne Fälle verjährt
die Strafbarkeit einer Polizeiübertretung:
1) wenn binnen 6 Monaten von dem
   Tage der begangenen That ein Erkenntniß erſter Inſtanz nicht er-
   erfolgt iſt;
2) wenn binnen 6 Monaten nach Einlegung eines Rechtsmittels gegen
   das Erkenntniß erſter Inſtanz ein
   Erkenntniß der höheren Inſtanz nicht
   ergangen iſt.

Art. 26.

Eine wegen einer Polizeiübertretung erkannte Strafe verjährt nach Ablauf von zwei Jahren vom Tage des Straferkenntnisses, und wenn ein Rechtsmittel gegen letzteres ausgeführt wurde, vom Tage des darüber ergangenen Erkenntnisses oder der erfolgten Abstandserklärung.

Art. 27.

Die Verjährung der Strafe wird unterbrochen:

1) bei Arreststrafen durch Vorführung des Verurtheilten zum Zwecke des Strafvollzugs;

2) bei Geldstrafen durch die vorgesetzte oder verlängerte Zahlungsfrist.

Durch theilweisen Strafvollzug wird die Verjährung für den Rest der Strafe unterbrochen.

Nach jeder eingetretenen Unterbrechung läuft eine neue Verjährungsfrist.

Art. 28.

Unterläßt Jemand innerhalb der dafür bestimmten Zeit dasjenige zu thun, was ihm auf den Grund eines wegen einer Polizeiübertretung ergangenen rechtskräftigen Strafurtheiles durch die zuständige Polizeibehörde auferlegt worden ist, so ist letztere befugt, diese Handlung auf Kosten des Ungehorsamen vornehmen zu lassen

XII. Vollzugs-maßregeln.

und, vorbehaltlich seiner Verpflichtung zum Ersatze des etwa verursachten Schadens, den von ihr festgestellten Kostenaufwand nach den gesetzlichen Bestimmungen über Beitreibung von Untersuchungskosten, in der Pfalz auf dem Wege des administrativen Zwangsvollzuges, von demselben zu erheben.

Art. 29.

Ist die Schließung von Anstalten im Strafurtheile angeordnet, so steht der Vollzug der Polizeibehörde zu.

Art. 30.

XIII. Vorläufige polizeiliche Einschreitung.

In Fällen, welche mit Strafe gesetzlich bedroht sind, ist die zuständige Polizeibehörde, vorbehaltlich der späteren Strafverfolgung, soweit nöthig zur vorläufigen Einschreitung befugt.

In allen Fällen, in welchen die Konfiskation einzelner Sachen gesetzlich zulässig ist, hat sie das Recht, letztere mit vorläufigem Beschlage zu belegen.

Sie hat die Befugniß, in jenen Fällen, in welchen die Gesetze bestimmen, daß die Schließung einer Anstalt im Strafurtheile anzuordnen ist oder angeordnet werden kann, diese Schließung als vorläufige Maßregel zu verfügen, darf jedoch dieselbe nicht über acht Tage fortsetzen, wenn der Polizeirichter nicht die Fortdauer verfügt hat.

Unterläßt Jemand dasjenige zu thun, was ihm unter Polizeistrafe gesetzlich zu thun geboten ist, so steht der Polizeibehörde die Befugniß zu, diese Handlung statt seiner vorläufig vornehmen zu lassen. Der dadurch verursachte Kostenaufwand kann jedoch von dem Ungehorsamen nur auf Grund eines polizeirichterlichen Urtheiles gemäß Art. 28 zwangsweise beigetrieben werden.

War die vorläufig getroffene Maßregel nicht gerechtfertigt, so bleibt dem Freigesprochenen der allenfallsige Anspruch auf Schadensersatz vorbehalten.

Art. 31.

Soweit nicht im gegenwärtigen Gesetzbuche oder in besonderen gesetzlichen Bestimmungen eine Ausnahme begründet ist, finden die allgemeinen Bestimmungen des Strafgesetzbuches auch auf Polizeiübertretungen Anwendung.

XIV. Anwendung der allgemeinen Bestimmungen des Strafgesetzbuches auf Polizeiübertretungen.

Art. 32.

Wo die Gesetze ortspolizeiliche Vorschriften zulassen, sind zur Erlassung für den Ortspolizeibezirk verbindlicher Vorschriften innerhalb der Grenzen ihrer Zuständigkeit berechtigt:

1) in der Pfalz die Bürgermeister;
2) in den Landestheilen diesseits des Rheins die Verwaltungen der Landgemeinden, die Magistrate der Städte

XV. Vorbehalt polizeilicher Vorschriften.

und Märkte, die Polizeidirektion
München und die Lokalbaukommission
München.

In jenen Gemeinden, in welchen das
Institut der Siebener oder Feldgeschworenen
oder ein die Grundbesitzer der Markung
vertretender Ausschuß besteht, sind diese
vor der Erlassung solcher ortspolizeilicher
Vorschriften zu vernehmen, welche über
Gegenstände der landwirthschaftlichen Polizei eine fortdauernd geltende Anordnung
treffen.

In der Pfalz ist vor der Erlassung
aller ortspolizeilichen Vorschriften, welche
eine fortdauernd geltende Anordnung enthalten, der betreffende Gemeinderath zu
vernehmen.

Art. 33.

Wo die Gesetze distriktspolizeiliche
Vorschriften zulassen, sind die Distrikts-
polizeibehörden berechtigt, solche für den
Verwaltungsbezirk zu erlassen.

Die Magistrate der unmittelbar den
Kreis-Verwaltungsstellen untergeordneten
Städte und die Polizeidirektion München
sind berechtigt, innerhalb ihrer Zuständig-
keit in denselben Fällen ortspolizeiliche
Vorschriften zu erlassen.

Art. 34.

Orts- oder distriktspolizeiliche Vorschriften, welche eine fortdauernd geltende
Anordnung enthalten, sind der vorgesetzten

Kreisverwaltungsstelle vorzulegen. Die einer Distriktspolizeibehörde untergeordneten Ortspolizeibehörden haben durch Vermittlung der vorgesetzten Distriktspolizeibehörde, die übrigen Polizeibehörden unmittelbar die Einsendung zu bewirken.

Ueberdies sind die desfallsigen Beschlüsse der Ortsbehörden in Städten und Märkten mit magistratischer Verfassung dem Kollegium der Gemeindebevollmächtigten, jene der Distriktspolizeibehörden der nächsten Distriktsraths-Versammlung mitzutheilen.

Solche Anordnungen sind erst nach Ablauf von dreißig Tagen nach der durch Empfangsbestätigung nachgewiesenen Vorlage an die vorgesetzte Verwaltungsbehörde vollziehbar, soferne nicht die betreffende Kreisregierung dieselben früher als vollziehbar erklärt hat.

Art. 35.

Wo die Gesetze auf oberpolizeiliche Vorschriften verweisen, können solche Vorschriften von der Kreisverwaltungsstelle für den betreffenden Regierungsbezirk, sowie von den zuständigen Staatsministerien für einzelne Regierungsbezirke oder für den Gesammtumfang des Staatsgebietes erlassen werden.

Art. 36.

Wo die Gesetze auf Verordnungen Bezug nehmen, sind darunter die in jedem

Gebietstheile dermalen geltenden landes-
herrlichen Verordnungen, sowie die künftig-
hin zu erlassenden königlichen Verordnungen
zu verstehen.

Art. 37.

Enthält eine in den gesetzlich zuläſſigen Fällen erlassene Verordnung oder polizeiliche Vorschrift eine Mehrheit von Anordnungen und ist in der betreffenden Verordnung oder Polizeivorschrift ausdrücklich
nur die Uebertretung eines Theiles der getroffenen Anordnungen unter Strafe gestellt, so bleibt die Uebertretung jener Bestimmungen straflos, in Bezug auf welche
eine Strafandrohung nicht besteht.

Art. 38.

Außer den Fällen, in welchen die Gesetze auf Polizeivorschriften oder Verordnungen verweisen, können polizeiliche Vorschriften mit Strafandrohung nur durch
königliche Verordnung und nur unter der
Voraussetzung erlassen werden:

1) daß der Landtag nicht versammelt ist;
2) daß die Abwendung einer dringenden
   Gefahr für die Sicherheit des Staates
   oder für Leben, Gesundheit oder
   Vermögen der Staatsangehörigen
   eine solche Vorschrift fordert;
3) daß in keinem Gesetze eine anwend-
   bare Vorschrift oder die Befugniß
   zur Erlassung derselben vorgesehen ist;

4) daß die Uebertretung nur mit Poli=
zeistrafe bis zu 100 fl. an Geld oder
30 Tagen einfachen Arrestes im
höchsten Maße bedroht wird.

Solche Verordnungen sind der näch=
sten Landtagsversammlung zur Zustimmung
vorzulegen und treten außer Wirksamkeit,
wenn diese Zustimmung vor dem Schlusse
oder der Vertagung des Landtages nicht
erfolgt ist.

Art. 39.

Soweit das gegenwärtige Gesetzbuch
nicht etwas Anderes ausdrücklich zuläßt,
darf keine Verordnung mit Gesetzen, keine
orts=, distrikts= oder oberpolizeiliche Vor=
schrift mit Gesetzen, mit den über denselben
Gegenstand zulässigen Verordnungen oder
mit kompetenzmäßigen Vorschriften einer
höheren Behörde im Widerspruche stehen.

Art. 40.

Jede orts= oder distriktspolizeiliche
Vorschrift ist in dem Bezirke, in welchem
sie zur Anwendung gebracht werden soll,
gehörig bekannt zu machen und mit dem
Nachweise der geschehenen Bekanntmachung
in amtlich beglaubigter Fertigung den Ge=
richten mitzutheilen, welche die bedrohten
Uebertretungen in erster und zweiter In=
stanz abzuurtheilen haben.

Oberpolizeiliche Vorschriften der Kreis=
regierungen sind durch die Kreisamtsblätter,

oberpolizeiliche Vorschriften der Staatsministerien und königliche Verordnungen
durch das Regierungsblatt und, soferne sie
für die Pfalz in Wirksamkeit treten sollen,
durch das Kreisamtsblatt zu verkünden.

Das Staatsministerium des Innern
ist ermächtigt, über die Form der Verkündung orts- und distriktspolizeilicher
Vorschriften Anordnungen zu erlassen.

Art. 41.

Die Kreisverwaltungsstellen sind berechtigt, orts- und distriktspolizeiliche Vorschriften wegen Mangels der gesetzlichen
Bedingungen ihrer Erlassung oder wegen
Nachtheils für das öffentliche Wohl oder
wegen Verletzung der Rechte Dritter außer
Kraft zu setzen oder deren Vollzug einzustellen.

Art. 42.

Die Staatsministerien sind nach Maßgabe ihrer Zuständigkeit berechtigt, aus
denselben Gründen Vorschriften der Orts-
und Distriktspolizeibehörden und der Kreis-
verwaltungsstellen außer Kraft zu setzen
oder deren Vollzug einzustellen.

Art. 43.

Wer sich durch Erlassung einer polizeilichen Vorschrift für beschwert erachtet,
kann innerhalb des für Verwaltungssachen
bestehenden gesetzlichen Instanzenzuges hiege-
gen Abhilfe nachsuchen.

Gleiches Beſchwerderecht ſteht gegen ortspolizeiliche Vorſchriften in Städten und Märkten mit magiſtratiſcher Verfaſſung den Gemeindebevollmächtigten und in den Gemeinden der Pfalz dem Gemeinderathe, gegen diſtriktspolizeiliche Vorſchriften dem Diſtriktsrathe, gegen von der Kreisregierung auf Grund des Art. 41 erlaſſene Verfügungen den betreffenden Gemeindebehörden zu.

Die an keine Rekursfriſt gebundene Einlegung der Beſchwerde hat auf die Vollziehung der Anordnung nur dann eine Wirkung, wenn die zur Entſcheidung berechtigte höhere Stelle die Einſtellung des Vollzugs angeordnet hat.

Art. 44.

Bei Aburtheilung der durch polizeiliche Vorſchriften in Gemäßheit der Art. 32, 33, 34, 35 und 38 bedrohten Polizeiübertretungen darf nur die geſetzliche Giltigkeit, nicht aber die Nothwendigkeit oder Zweckmäßigkeit der Vorſchrift von dem Polizeirichter in Erwägung gezogen werden.

Art. 45.

In Bezug auf jene Gegenſtände, wofür das gegenwärtige Geſetzbuch Verordnungen oder polizeiliche Vorſchriften als zuläſſig erklärt, kommen, bis nach Maßgabe des Geſetzbuches neue Anordnungen erlaſſen worden ſind, die dermalen geltenden

XVI. Uebergangs- und Schlußbeſtimmung.

Bestimmungen in nachstehender Weise zur Anwendung:

1) wo das Gesetzbuch nur auf Verord= nungen verweist, sind nur die in Gesetzen oder Verordnungen enthal= tenen Bestimmungen anwendbar;

2) wo das Gesetzbuch auf Verordnun= gen oder oberpolizeiliche Vorschriften oder nur auf oberpolizeiliche Vor= schriften verweist, bleiben die derma= len bestehenden in Gesetzen, Verord= nungen oder oberpolizeilichen Vor= schriften enthaltenen Bestimmungen anwendbar;

3) wo das Gesetzbuch auf Verordnun= gen und distrikts= oder ortspolizeiliche Vorschriften verweist, sind neben den in Gesetzen oder Verordnungen ent= haltenen Bestimmungen auch die bestehenden distrikts= beziehungsweise ortspolizeilichen Vorschriften an= wendbar;

4) wo das Gesetzbuch auf ober= oder distriktspolizeiliche Vorschriften oder auf ober= oder ortspolizeiliche Vor= schriften verweist, bleiben neben den in Gesetzen, Verordnungen oder ober= polizeilichen Vorschriften enthaltenen auch die dermalen bestehenden distrikts= beziehungsweise ortspolizeilichen Be= stimmungen anwendbar;

5) wo das Gesetzbuch nur auf distrikts= polizeiliche Vorschriften verweist,

bleiben nur die dermalen bestehenden
distriktspolizeilichen Bestimmungen,
und wo das Gesetzbuch nur auf
ortspolizeiliche Vorschriften verweist,
lediglich die dermalen bestehenden
ortspolizeilichen Vorschriften in Gel=
tung; wo aber das Gesetzbuch nur
distrikts= oder ortspolizeiliche Vor=
schriften zuläßt, bleiben lediglich die
dermalen bestehenden distrikts= und
ortspolizeilichen Vorschriften an=
wendbar.

Soweit das Gesetzbuch nicht für ein=
zelne Fälle Besonderes bestimmt, können
dermalen bestehende Gesetze, welche Gegen=
stände betreffen, wofür das gegenwärtige
Gesetzbuch Verordnungen oder polizeiliche
Vorschriften als zulässig erklärt, ohne auf
Gesetze zu verweisen, im Verordnungswege
aufgehoben oder abgeändert werden. Das=
selbe kann in Bezug auf dermalen bestehende
Gesetze der eben bezeichneten Art und auf
Verordnungen durch das betreffende Staats=
ministerium geschehen, wenn das Gesetzbuch
lediglich auf oberpolizeiliche Vorschriften
oder neben solchen auf distrikts= oder orts=
polizeiliche Vorschriften Bezug nimmt.

In allen Fällen, in welchen gemäß
vorstehender Bestimmungen die dermalen
bestehenden polizeilichen Vorschriften in
Kraft bleiben, sind an der Stelle der in
denselben angedrohten Strafen bei Abur=
theilung der betreffenden Uebertretungen

die Strafbestimmungen des gegenwärtigen Gesetzbuches in Anwendung zu bringen.

Die dermalen bestehenden distrikts- und ortspolizeilichen Vorschriften sind innerhalb zweier Jahre nach Verkündung des Gesetzbuches nach Maßgabe desselben zu revidiren und auf's Neue zu verkünden, widrigenfalls deren Anwendbarkeit erlischt.

Zweite Abtheilung.

Besondere Bestimmungen über die einzelnen Uebertretungen.

Erstes Hauptstück.

Uebertretungen in Bezug auf Sicherheit des Staates, einzelne Staatseinrichtungen, Regierungsrechte und öffentliche Verpflichtungen.

Art. 46.

Uebertretungen in Bezug auf die Landesvertheidigung.

Wer ohne Bewilligung der zuständigen Behörde Risse oder Pläne von Festungen, Festungswerken, militärischen Lagern oder anderen für die Landesvertheidigung wichtigen Oertlichkeiten aufnimmt, wer sich unbefugt im dienstlichen Besitze befindliche Risse und Pläne dieser Art oder Nachbildungen derselben oder militärische

Operationspläne verschafft oder zu verschaffen sucht, wer wissentlich zu solchen Handlungen mitwirkt oder Beihilfe leistet, wird an Geld bis zu hundert und fünfzig Gulden oder mit Arrest bis zu zwei und vierzig Tagen gestraft.

Die Risse und Pläne unterliegen der Konfiskation.

Art. 47.

Wer heimlich oder wider das Verbot der Polizeibehörde größere Vorräthe von Waffen oder Munition aufsammelt, wird an Geld bis zu hundert Gulden oder mit Arrest bis zu dreißig Tagen nebst Konfiskation der Waffen- oder Munitionsvorräthe gestraft.

Verbotenes Aufsammeln von Waffen oder Munition.

Art. 48.

Wer von Soldaten oder Unteroffizieren Montirungs-, Munitions- oder Armaturstücke erwirbt oder als Pfand nimmt, ohne daß ihm die bezeichneten Personen ihre Ermächtigung zur Veräußerung oder Verpfändung durch ein schriftliches Zeugniß ihres vorgesetzten Kommandanten nachgewiesen haben, soll an Geld bis zu fünfzig Gulden, womit im Rückfalle Arrest bis zu vierzehn Tagen verbunden werden kann, gestraft werden.

Unbefugter Erwerb von Montirungs-, Munitions- u. Armaturstücken.

Gleicher Strafe unterliegt, wer zu einem solchen verbotenen Geschäfte wissentlich mitwirkt.

Art. 49.

Unerlaubter
Verkehr mit
Gefangenen.

Wer ohne Erlaubniß der Aufsichts-
beamten mit Gefangenen in Verkehr tritt
oder denselben etwas zubringt, unterliegt
einer Geldstrafe bis zu zehn Gulden oder
einer Arreststrafe bis zu drei Tagen.

Art. 50.

Uebertret-
ungen in An-
sehung öffent-
licher Siegel
und Stempel.

Wer es unterläßt, öffentliche Siegel
oder Stempel, welche ihm zu Handen ge-
kommen sind, der zuständigen Behörde
auszuliefern, wer im Namen einer öffentlichen Behörde bestellte Siegel und Stempel nicht gegen Verschleppung und Mißbrauch verwahrt oder an eine andere Person als die bestellende Behörde oder deren
bekannte Diener abliefert, wird, insoferne
nicht diszipinäre Ahndung stattfindet, an
Geld bis zu fünf und zwanzig Gulden
gestraft.

Art. 51.

Unerlaubte
Beförderung
der Auswan-
derung.

An Geld bis zu hundert Gulden wird
gestraft, wer ohne die nach Verordnung
erforderliche polizeiliche Bewilligung Aus-
wanderungsgeschäfte betreibt oder eine Aus-
wanderungsagentur errichtet oder nach entzogener Bewilligung die Geschäfte einer
solchen fortsetzt.

Gleicher Strafe unterliegt, wer unbefugt als Zwischenhändler (Unteragent) solche
Geschäfte abschließt oder vermittelt.

In dem Strafurtheile ist zugleich die

Schließung solcher unberechtigter Agenturen
auszusprechen.

Geldstrafe bis zu fünfzig Gulden
trifft berechtigte Agenten, welche den für
ihre Geschäftsführung erlassenen Verordnungen oder oberpolizeilichen Vorschriften
zuwiderhandeln.

Art. 52.

Ein bayerischer Staatsangehöriger
aus den Landestheilen diesseits des Rheins,
welcher ohne die gesetzlich erforderliche Bewilligung der zuständigen Behörde eine
Ehe im Auslande eingeht, wird an Geld
bis zu hundert Gulden oder mit Arrest
bis zu dreißig Tagen gestraft.

Verbotene Eheschließung im Auslande.

Die Verjährung dieser Uebertretung
beginnt von dem Tage, an welchem die im
Auslande Getrauten ihren Wohnsitz im
Inlande genommen haben.

Eine Strafverfolgung findet nicht
statt, wenn vor Eröffnung eines Verfahrens
die Ehe wieder aufgelöst worden ist.

Art. 53.

Wer von einer Entbindung oder von
einem Todesfalle die ihm nach Gesetz oder
Verordnung obliegende Anzeige nicht innerhalb der vorgeschriebenen Frist macht,
wird, insoferne nicht disziplinäre Ahndung
stattfindet, an Geld bis zu fünf und
zwanzig Gulden gestraft.

Unterlassene Anzeige von Geburten, Todesfällen.

Art. 54.

Unbefugte Aenderung des Geschlechtsnamens.

Wer ohne Bewilligung der Staatsregierung seinen Geschlechtsnamen ändert, wird an Geld bis zu fünf und zwanzig Gulden gestraft.

Derselben Strafe unterliegen Eltern, Pflegeeltern und Vormünder, welche ohne solche Bewilligung den Geschlechtsnamen ihrer Kinder, Pflegekinder oder Mündel ändern.

Art. 55.

Anmaßung von Namen, Titeln, Orden

Wer sich fälschlich den Namen einer andern Person oder ihm nicht zukommende Titel, Standes- oder Ehrenvorzüge beilegt, wer ohne Berechtigung Orden, Ehrenzeichen, ausländische Uniformen oder Dienstzeichen öffentlich trägt, wird neben Konfiskation der getragenen Orden, Ehrenzeichen, Uniformen oder Dienstzeichen an Geld bis zu fünfzig Gulden oder mit Arrest bis zu vierzehn Tagen gestraft.

Gleicher Strafe unterliegt, wer ohne Bewilligung die Namen des Königs, der Königin oder anderer Mitglieder des königlichen Hauses irgend einer Unternehmung beilegt oder sich hierauf bezüglicher Firmen oder Wappen bedient, sowie wer seiner Dienerschaft gleiche Livree wie jene des königlichen Hauses gibt, und wer letztere Livree unbefugt trägt.

Art. 56.

Wer seine Hilfe oder Dienstleistung bei Unglücksfällen, bei drohender oder bereits eingetretener Feuers- oder anderer öffentlicher Gefahr oder Noth auf obrigkeitliche Aufforderung ohne genügende Entschuldigung verweigert, desgleichen wer Andere in solcher Hilfe- oder Dienstleistung vorsätzlich stört oder ohne hinreichenden Grund davon abhält, wird an Geld bis zu hundert Gulden oder mit Arrest bis zu dreißig Tagen gestraft.

Verweigerung der Nothhilfe.

Art. 57.

An Geld bis zu zehn Gulden werden Gemeindeglieder oder deren Stellvertreter gestraft, welche die nach Festsetzung der Gemeindeverwaltung sie treffenden Dienste zur Uebernahme der Sicherheitswache sowie zur Erhaltung der Fahrbarkeit der Gemeindewege und Distriktsstraßen ohne genügende Entschuldigung nicht oder nicht in gehöriger Weise leisten.

Uebertretungen in Bezug auf Gemeindedienste.

In der Pfalz wird die Verpflichtung zur Leistung solcher Dienste durch ortspolizeiliche Vorschrift geregelt.

————▶

Zweites Hauptstück.

Uebertretungen in Bezug auf öffentliche Ruhe, Ordnung und Sicherheit.

Art. 58.

Störung der öffentlichen Ruhe.

Wer vorsätzlich durch falschen Nothruf oder falsche Nothsignale, durch Mißbrauch von Glocken, Trommeln oder andern Lärm erregenden Werkzeugen, durch öffentlichen Aufruf, durch aufreizende Reden, Gesänge oder Musikstücke oder durch den Gebrauch von Partei- oder Losungszeichen Besorgnisse von Gefahren, Noth oder Unglücksfällen unter den Bewohnern eines Ortes verbreitet oder zu verbreiten sucht oder an öffentlichen Orten einen Zusammenlauf oder eine Bewegung der bewaffneten Macht verursacht oder zu verursachen sucht, wird mit Arrest bis zu dreißig Tagen, in leichteren Fällen an Geld bis zu fünfzig Gulden gestraft.

Art. 59.

Wer bestimmte durch Verordnung verbotene Verbindungs- oder Vereinigungs-Zeichen öffentlich trägt oder ausstellt, und wer dieselben feilbietet oder verbreitet, wird an Geld bis zu fünf und zwanzig Gulden oder mit Arrest bis zu acht Tagen gestraft. Gegen diejenigen, welche mit solchen Abzeichen bei Zusammenläufen betroffen werden, kann Arrest bis zu vierzehn Tagen oder Geldstrafe bis zu fünfzig Gulden erkannt werden.

Die gedachten Abzeichen unterliegen der Konfiskation.

Art. 60.

An Geld bis zu zehn Gulden oder mit Arrest bis zu drei Tagen wird gestraft, wer ungebührlicher Weise ruhestörenden Lärm erregt oder groben Unfug an öffentlichen Orten verübt.

Werden solche Handlungen in Verbindung mit Mehreren verübt oder nach polizeilicher Abmahnung fortgesetzt oder zur Verhöhnung oder Beängstigung einer Person unternommen, so kann auf Arrest bis zu vierzehn Tagen oder auf Geldstrafe bis zu fünfzig Gulden erkannt werden.

Art. 61.

An Geld bis zu zehn Gulden werden Wirthe gestraft, wenn sie Personen, welchen in Folge der Stellung unter Polizeiaufsicht der Besuch ihrer Wirthshäuser untersagt ist, diesen Besuch ungeachtet des ihnen von der Polizeibehörde bekannt gegebenen Verbotes wissentlich gestatten.

Verbotene Gestattung des Wirthshausbesuches.

Art. 62.

Wegen Uebertretung der durch Verordnung oder nach Maßgabe dieser durch ortspolizeiliche Verfügung festgestellten nächtlichen Polizeistunde sind zu strafen:

Uebertretung der Polizeistunde.

1) Wirthe, welche nach dem Eintritt der Polizeistunde die Gäste nicht

zum Weggehen auffordern oder den=
selben Speisen oder Getränke verab=
reichen, an Geld bis zu zehn
Gulden;

2) Wirthe, welche ihre Gäste nach der
Polizeistunde dem Polizeipersonal
verheimlichen oder dem letzteren den
Eintritt in das Wirthshaus zum
Zwecke der Kontrole verweigern, an
Geld bis zu fünf und zwanzig
Gulden;

3) Gäste, welche nach der Polizeistunde
auf Mahnung des Wirthes, seines
Stellvertreters oder des Polizeiper=
personals sich nicht entfernen, an
Geld bis zu drei Gulden.

Die Bestimmungen des gegenwärtigen
Artikels finden keine Anwendung auf aus=
wärtige Gäste, welche in einem Gasthause
übernachten oder bei demselben auf der
Durchreise anhalten.

Art. 63.

Unberechtigtes
Unternehmen
öffentlicher
Lustbarkeiten,
Schau- und
Vorstellungen.

An Geld bis zu fünf und zwanzig
Gulden wird gestraft:

1) wer ohne polizeiliche Erlaubniß öf=
fentliche Lustbarkeiten, wie Tanz=
musiken, Maskeraden, Schießen,
Preiskegelschieben, Feuerwerke, thea=
tralische Aufführungen, Vorstellungen
aus dem Gebiete der Kunstreiterei,
Gymnastik oder ähnlicher Kunstfertig=
keiten veranstaltet;

2) wer ohne polizeiliche Erlaubniß Menagerien, Wachsfiguren = Kabinete, Sammlungen von Kunst = oder Naturmerkwürdigkeiten, Panoramen, Karoussele oder ähnliche Vorrichtungen aufstellt und dafür Eintrittsgeld erhebt;

3) wer die bei Ertheilung der Erlaubniß zu solchen Unternehmungen von der Polizeibehörde ihm aufgelegten Bedingungen verletzt.

Unabhängig von der Strafverfolgung können solche Unternehmungen von der Polizeibehörde jederzeit eingestellt werden.

Auf Scheibenschießen, welche von anerkannten Schützengesellschaften in ihrem gewöhnlichen Lokale oder von kleineren Gesellschaften an erlaubten Schießstätten abgehalten werden, findet die Bestimmung der Ziff. 1 keine Anwendung.

Art. 64.

An Geld bis zu zehn Gulden wird gestraft, wer ohne polizeiliche Erlaubniß oder mit Ueberschreitung der ihm ertheilten Bewilligung gegen Bezahlung in Wirthschaftslokalitäten oder an anderen öffentlichen Orten Musikstücke, Gesänge, Deklamationen, Marionettenspiele, Taschenspielerkünste oder ähnliche Kunstfertigkeiten aufführt oder Thiere, Kunst = oder Naturmerkwürdigkeiten oder ähnliche Gegenstände vorzeigt.

Unabhängig von der Strafverfolgung

ist die Polizeibehörde berechtigt, solche Unternehmungen sofort einzustellen.

Die Abhaltung musikalischer Vorträge in Wirthschaftslokalitäten durch hiezu berechtigte Musikgesellschaften ist an eine polizeiliche Bewilligung nicht gebunden.

Art. 65.

Wer gegen ortspolizeiliche Vorschrift musikalische Aufführungen, Kegelspiele oder sonstige geräuschvolle Unterhaltungen, welche im Innern der Ortschaften in Wirthschafts- oder Privatgärten oder in sonstigen nicht geschlossenen Räumlichkeiten abgehalten werden, über die von der Polizeibehörde bestimmte Nachtstunde verlängert, wird an Geld bis zu zehn Gulden gestraft.

Die Polizeibehörde ist berechtigt, solche Störungen der Nachtruhe unabhängig von der Strafverfolgung sofort abzustellen.

Art. 66.

Tanzmusiken in Vereinen zu verbotenen Zeiten.

Vorsteher oder Mitglieder von geselligen Vereinen und geschlossenen Gesellschaften, welche Tanzmusiken an jenen Tagen veranstalten, an welchen die öffentliche Abhaltung derselben durch Verordnung untersagt ist, werden an Geld bis zu fünf und zwanzig Gulden gestraft.

Art. 67.

Uebertretungen in Bezug auf Nachtmusiken, Maskeraden.

An Geld bis zu zehn Gulden wird gestraft:

1) wer ohne ortspolizeiliche Erlaubniß auf öffentlichen Straßen oder Plätzen

eine Nachtmusik veranstaltet oder ausführt;

2) wer zu einer durch oberpolizeiliche Vorschrift verbotenen Zeit auf öffent= lichen Straßen oder Plätzen maskirt erscheint;

3) wer bei erlaubten Maskeraden der durch die Ortspolizeibehörde festge= setzten Ordnung zuwiderhandelt.

Art. 68.

An Geld bis zu drei Gulden wird gestraft:

1) wer gegen ortspolizeiliches Verbot Ankündigungen oder Bekanntmach= ungen auf öffentlichen Straßen oder Plätzen ausruft;

2) wer gegen ortspolizeiliches Verbot oder gegen Verbot des Eigenthümers an fremdem Eigenthume Privatan= kündigungen anschlägt oder anheftet;

3) wer fremde Anschläge unbefugt aus Bosheit oder Muthwillen vernichtet, wegnimmt oder unlesbar macht.

Wird im Falle der Ziff. 2 die Ueber= tretung gegen Verbot des Eigenthümers an fremdem Privateigenthume begangen, so ist dieselbe nur auf Antrag des Eigen= thümers oder seines Stellvertreters verfolgbar.

Uebertret= ungen inBezug auf Privatbe= kanntmach= ungen.

Art. 69.

Geldstrafe bis zu fünf Gulden trifft in den Fällen, in welchen die Verpflichtung zur Wohnungsräumung nicht streitig ist,

Uebertret= ungen inBezug auf Wohn= ungsräumung.

3*

die bei einer solchen Räumung Betheiligten, welche den hierauf bezüglichen Anordnungen der Polizeibehörde nicht nachkommen.

Unabhängig von der Strafverfolgung ist die Polizeibehörde befugt, die von ihr getroffenen Anordnungen zwangsweise zu vollziehen.

Art. 70.

Verbotene Waffen.

Wer Schußwaffen, welche in Stöcken, Röhren oder in ähnlicher Weise verborgen werden, Abschraubgewehre, Raufringe oder Schlageisen, explodirende Wurfgeschosse oder andere durch Verordnung als gemeingefährlich allgemein verbotene Waffen ohne besondere polizeiliche Bewilligung verfertigt, desgleichen wer solche verbotene Waffen oder Geschosse feilbietet, wird an Geld bis zu hundert Gulden oder mit Arrest bis zu dreißig Tagen gestraft.

Wer solche verbotene Waffen oder Geschosse ohne besondere polizeiliche Bewilligung führt, unterliegt einer Geldstrafe bis zu fünfzig Gulden oder einer Arreststrafe bis zu vierzehn Tagen.

Die verfertigten, feilgebotenen oder geführten verbotenen Waffen oder Geschosse unterliegen der Konfiskation.

Art. 71.

Wer außer dem Falle des Art. 70 den Verordnungen zuwiderhandelt, wodurch zur Verhütung von Gefahren für die Sicherheit der Personen die Führung be-

stimmter Waffen bestimmten Klassen von
Personen oder in bestimmten Landestheilen
verboten ist, wird neben Konfiskation der
betreffenden Waffen an Geld bis zu fünf
und zwanzig Gulden gestraft, womit im
Rückfalle Arrest bis zu drei Tagen verbunden werden kann.

Art. 72.

An Geld bis zu fünfzig Gulden wird
gestraft, wer ein neugebornes lebendes
Kind findet und hievon nicht sogleich Anzeige bei der nächsten Obrigkeit macht.

Unterlassene Anzeige der Auffindung von neugebore-nen Kintern.

Art. 73.

Wer fremde Kinder unter acht Jahren
ohne Bewilligung der Polizeibehörde gegen
Bezahlung in Pflege oder Erziehung
nimmt oder nach entzogener Bewilligung
behält, wird an Geld bis zu fünf und
zwanzig Gulden gestraft.

Unberechtigte Annahme fremder Kinder.

Art. 74.

An Geld bis zu fünf und zwanzig
Gulden oder mit Arrest bis zu acht Tagen
wird gestraft, wer verirrte Kinder, wahn-
sinnige oder sonst hilflose Personen, welche
er in Verwahrung genommen hat, ohne
genügenden Entschuldigungsgrund länger
als 24 Stunden in seiner Gewalt behält,
ohne hievon der Obrigkeit Anzeige zu
machen oder nach Beschaffenheit der Um-

Unterlassene Anzeige der Inverwahr-nahme hilf-loserPersonen.

stände den betheiligten Angehörigen Nachricht zu geben.

Art. 75.

Unterlassene Anzeige verdächtiger Todesfälle.

An Geld bis zu fünfzig Gulden werden Todtenbeschauer und Personen, welche aus dem Reinigen und Ankleiden der Leichen ein Gewerbe machen, gestraft, wenn sie bei Ausübung ihres Berufes von Todesfällen, welche den Verdacht eines gewaltsamen Todes erregen, Kenntniß erlangen und hievon nicht sogleich der Polizeibehörde Anzeige machen.

An Geld bis zu hundert Gulden wird gestraft, wer, nachdem er bei der Oeffnung einer Leiche die Spuren eines an dem Verstorbenen verübten Verbrechens entdeckt hat, nicht sogleich mit der Oeffnung einhält und der Polizeibehörde oder dem Staatsanwalte Anzeige erstattet.

Art. 76.

Uebertretungen bei Ansammlung größerer Menschenmassen.

An Geld bis zu fünfzehn Gulden oder mit Arrest bis zu fünf Tagen wird gestraft, wer den besonders bekannt gemachten polizeilichen Anordnungen zur Aufrechterhaltung der öffentlichen Ruhe, Ordnung und Sicherheit bei Volksfesten, religiösen Feierlichkeiten, Truppenbewegungen, Eisenbahnbauten und sonstigen außergewöhnlichen Ansammlungen größerer Menschenmassen zuwiderhandelt.

Die in Abſ. 1 bezeichneten Anord=
nungen werden durch ober= oder diſtrikts=
polizeiliche Vorſchrift, in dringenden Fällen
durch ortspolizeiliche Vorſchrift erlaſſen.

Drittes Hauptſtück.

Uebertretungen in Bezug auf Reiſen und Fremden-
Polizei.

Art. 77.

An Geld bis zu fünf und zwanzig
Gulden oder mit Arreſt bis zu acht Tagen
ſind berechtigte Inhaber ſolcher Gewerbe
oder Erwerbsarten, welche herumziehend
betrieben werden, zu ſtrafen, wenn ſie ohne
genügende Entſchuldigung bei Beſuch der
Märkte oder bei ihrem Umherziehen auf
Verdienſt mit den nach Verordnungen oder
oberpolizeilichen Vorſchriften erforderlichen
Nachweiſungen nicht verſehen ſind oder den
in ihren Beglaubigungsurkunden enthal=
tenen, auf Verordnungen oder oberpolizei=
liche Vorſchriften gegründeten beſonderen
Anweiſungen zuwiderhandeln.

*Uebertret-
ungen in Bezug
auf das Reiſen.*

Art. 78.

Mit Arreſt bis zu fünf Tagen oder
an Geld bis zu fünfzehn Gulden werden

Handwerksgesellen und Gewerbsgehilfen gestraft, welche ohne genügende Entschuldigung mit den durch Verordnung vorgeschriebenen Reiseurkunden nicht versehen sind.

Art. 79.

Handwerksgesellen, Gewerbsgehilfen und Fabrikarbeiter, welche, falls ihnen die Reise in bestimmte ausländische Staaten durch Verordnung zeitlich untersagt ist, eine Reise in solche Staaten ohne erlangte Ausnahmsbewilligung unternehmen, werden an Geld bis zu fünfzig Gulden oder mit Arrest bis zu vierzehn Tagen gestraft.

Die Verjährung dieser Uebertretung beginnt mit dem Tage der Rückkehr in das Inland.

Art. 80.

Mit Arrest bis zu drei Tagen wird gestraft, wer ohne genügende Entschuldigung die ihm von der zuständigen Polizeibehörde zwangsweise vorgeschriebene Reiseroute oder Reisezeit nicht einhält.

Art. 81.

Uebertretungen in Bezug auf die Fremdenpolizei. Fremde, welche gegen ortspolizeiliche Vorschrift die Erholung einer Aufenthaltskarte oder deren rechtzeitige Verlängerung ohne genügenden Entschuldigungsgrund unterlassen, werden an Geld bis zu drei Gulden gestraft.

Art. 82.

Gaſtwirthe und Herberggeber, welche den oberpolizeilichen Vorſchriften über Aufzeichnung und Anzeige der Ankunft und Abreiſe der von ihnen aufgenommenen Fremden und beherbergten Perſonen zuwiderhandeln, die vorgeſchriebenen Aufzeichnungen der Polizeibehörde oder den obrigkeitlichen Dienern auf Verlangen nicht vorzeigen oder dieſelben nicht zu der vorgeſchriebenen Zeit vorlegen, werden an Geld bis zu zehn Gulden geſtraft.

Andere Perſonen, welche die durch ortspolizeiliche Vorſchrift gebotene Anzeige über Beherbergung von Fremden verabſäumen, unterliegen einer Geldſtrafe bis zu drei Gulden.

Art. 83.

Wer, um die Polizeibehörde zu täuſchen, bei Gelegenheit der im Art. 82 vorgeſchriebenen Aufzeichnung oder Anzeige eine falſche Namensangabe oder andere unwahre Angabe macht, wird an Geld bis zu fünf und zwanzig Gulden oder mit Arreſt bis zu acht Tagen geſtraft.

Art. 84.

Unbefugte gewerbsmäßige Beherbergung von Handwerksgeſellen oder Dienſtboten ohne Legitimationsurkunden, von Landſtreichern, Bettlern oder anderen ausweisloſen Perſonen wird mit Arreſt bis zu vierzehn Tagen oder an Geld bis zu fünfzig Gulden gestraft. Im Rückfalle kann die Zulässigkeit der Stellung unter Polizeiaufsicht ausgesprochen werden.

Art. 85.

Wer von der Aufnahme oder Entlassung von Handlungsdienern, Gewerbsgehilfen, Gesellen oder Lehrlingen, von Fabrikarbeitern oder Taglöhnern, welche am Orte keinen festen Wohnsitz haben, die durch Verordnung oder ortspolizeiliche Vorschrift geforderte Anzeige nicht erstattet, wird an Geld bis zu fünf Gulden gestraft.

Art. 86.

Uebertretungen in Bezug auf Wohnungsmiethe.

Personen, welche Wohnungsräume in Miethe oder Aftermiethe geben, unterliegen einer Geldstrafe bis zu drei Gulden, wenn sie die durch ortspolizeiliche Vorschrift gebotene Anzeige über Ein- und Auszug ihrer Miether verabsäumen.

Viertes Hauptstück.

Arbeitsscheue, Landstreicherei, Bettel, unerlaubtes Sammeln, Gaukelei.

Art. 87.

Arbeitsscheue.

Arbeitsfähige Personen, welche innerhalb Jahresfrist wegen Landstreicherei,

Bettels oder gewerbsmäßiger Unzucht ge=
straft worden sind oder in Folge Verur=
theilung wegen einer dieser Uebertretungen
oder wegen einer nach dem **XV.**, **XVII.**,
XVIII. oder **XIX.** Hauptstücke des Straf=
gesetzbuches strafbaren That unter Polizei=
aufsicht stehen oder nach richterlichem Aus=
spruche gestellt werden können, und welche
nicht darzuthun vermögen, daß sie sich auf
erlaubte Weise ernähren, desgleichen ar=
beitsfähige Personen, welche von der Armen=
pflege oder einer sonstigen öffentlichen
Wohlthätigkeitsanstalt Unterstützung zur
Bestreitung ihres Lebensunterhaltes beziehen
oder innerhalb Jahresfrist bezogen oder
angesprochen haben, sind, wenn sie inner=
halb einer von der Polizeibehörde vorge=
setzten angemessenen Frist sich weder einem
Dienste noch einer ihren Kräften ange=
messenen Arbeit widmen, mit Arrest bis zu
acht Tagen zu strafen, insoferne sie nicht
nachzuweisen vermögen, daß sie solche zu
erhalten nicht im Stande gewesen sind.
Gegen Rückfällige kann auf Arrest bis zu
dreißig Tagen erkannt werden.

Art. 88.

Wer ohne bestimmten Wohnsitz oder Landstreicherei.
mit Verlassung seines Wohnortes geschäfts=
und arbeitslos umherzieht, ohne sich darü=
ber ausweisen zu können, daß er die Mit=
tel zu seinem redlichen Unterhalte besitze
oder eine Gelegenheit hiezu aufsuche, wird

als Landstreicher mit Arrest bis zu vierzehn Tagen gestraft. Gegen Rückfällige
kann auf Arrest bis zu zwei und vierzig
Tagen erkannt werden.

Art. 89.

Bettel.

Wer bettelt oder Kinder zum Betteln
anleitet oder ausschickt oder Personen,
welche seiner Gewalt und Aufsicht unter-
geben sind und zu seiner Hausgenossenschaft
gehören, vom Betteln abzuhalten unterläßt,
wird mit Arrest bis zu acht Tagen gestraft. Gegen Rückfällige kann auf Arrest
bis zu dreißig Tagen erkannt werden.

Art. 90.

Gemeinschaft-
liche Be-
stimmungen.

In den Fällen der Art. 87—89 ist
Schärfung der Arreststrafe zulässig.

Gegen Personen, welche auf Grund
dieser Artikel zweimal gestraft worden sind
und binnen Jahresfrist vom Tage der
letzten Verurtheilung an sich einer neuen
Zuwiderhandlung gegen einen dieser Artikel
schuldig machen, kann die Zulässigkeit der
Stellung unter Polizeiaufsicht oder der
Verwahrung in einer Polizeianstalt ausgesprochen werden.

Dasselbe kann auch gegen jene Personen ausgesprochen werden, welche auf
Grund der Art. 88 oder 89 einmal gestraft worden sind und bei einer neuen Zuwiderhandlung gegen einen dieser Artikel
falsche Reisepässe, Paßkarten, Arbeits- oder

Dienstbücher oder sonstige falsche Legitima-
tionspapiere führen oder sich durch Ver-
kleidung oder auf andere Weise unkenntlich
zu machen suchen oder sich im Besitze von
Waffen, Brech- oder Sperrwerkzeugen oder
anderen für die Sicherheit der Personen
oder des Eigenthums gefährlichen Werkzeugen befinden oder unter Drohungen betteln.

Bei jugendlichen Personen unter
sechzehn Jahren, welche binnen Jahresfrist
dreimal wegen Landstreicherei oder Bettels
aufgegriffen worden sind, kann auch in dem
Falle, daß wegen Mangels der zur Unterscheidung der Strafbarkeit der Handlung
erforderlichen Ausbildung eine Verurtheilung
nicht erfolgt, durch das Polizeigericht die
Unterbringung in einer Erziehungsanstalt
für verwahrloste jugendliche Personen angeordnet werden. Bezüglich des Vollzuges
einer solchen Anordnung findet Art. 76
Abs. 4—7 des Strafgesetzbuches Anwendung.

Falsche Pässe oder sonstige falsche Le-
gitimationspapiere, Waffen und andere für
die Sicherheit der Personen oder des
Eigenthums gefährliche Werkzeuge, in deren
Besitz ein Landstreicher oder Bettler betreten wird, unterliegen der Konfiskation.

Art. 91.

Wer gegen ortspolizeiliches Verbot
zu Weihnachten, Neujahr oder zu anderen
Festzeiten zum Zwecke der Erlangung her-

Verbotwidrige
Einhebung von
Geschenken zu
Festzeiten.

kömmlicher Geschenke in Wirths- oder
Privathäusern oder auf öffentlichen Straßen
oder Plätzen herumzieht, ist an Geld bis
zu zehn Gulden oder mit Arrest bis zu
drei Tagen zu strafen.

Art. 92.

Unerlaubte
Sammlungen.

Wer ohne die erforderliche polizeiliche
Bewilligung eine Sammlung von Geld-
oder sonstigen Beiträgen oder von Unter-
schriften hiezu unternimmt oder die erwirkte
Bewilligung überschreitet, wird vorbehaltlich dessen, was in Ansehung von Sammlungen für besondere Zwecke gesetzlich bestimmt ist, an Geld bis zu fünf und
zwanzig Gulden gestraft.

Eine polizeiliche Bewilligung ist nicht
erforderlich für Sammlungen zu erlaubten
Zwecken, welche Jemand bei Gelegenheit
einer geselligen Zusammenkunft oder in
einem Vereine, welchem er angehört, oder
im Kreise von Personen veranstaltet, mit
welchen er in geselliger oder in Geschäfts-
berührung, in freundschaftlichen oder ver-
wandtschaftlichen Verhältnissen steht.

Ist eine unbefugte Sammlung theilweise oder ausschließlich zum eigenen Vor-
theile unternommen worden, so richtet sich
die Bestrafung nach Art. 89.

Das unbefugt Gesammelte wird zum
Besten der Armenkasse des Ortes der Betretung konfiszirt. War jedoch der Zweck
der Sammlung ein angemessener, so ist der

Richter berechtigt, die Verwendung für
diesen Zweck vorbehaltlich der Zustimmung
jener Behörde oder Stelle, deren Erlaubniß für die Vornahme der Sammlung erforderlich gewesen wäre, als zulässig zu er-
klären.

Art. 93.

Die Bestimmungen des Art. 92 finden auch dann Anwendung, wenn ohne
polizeiliche Bewilligung ein Aufruf zu Ga-
ben oder Geldbeiträgen mit dem Erbieten
zur Empfangnahme derselben in öffentlichen
Blättern oder Anschlägen erlassen wird.

In diesem Falle trifft die gesetzliche
Strafe den Verfasser des Aufrufs sowie
den Redakteur oder, soferne dieser für Ankündigungen nicht verantwortlich ist, den
Verleger des Blattes, welches den Aufruf
veröffentlicht hat.

Art. 94.

Wer gegen Lohn oder zur Erreichung   Gaukelei.
eines sonstigen Vortheiles sich mit angeb-
lichen Zaubereien oder Geisterbeschwörungen,
mit Wahrsagen, Kartenschlagen, Schatz-
graben, Zeichen- und Traumdeuten oder anderen dergleichen Gaukeleien abgibt, wird
mit Arrest bis zu vierzehn Tagen oder an
Geld bis zu fünfzig Gulden gestraft.

Im Rückfalle kann auf Arrest bis zu
dreißig Tagen, dessen Schärfung zulässig
ist, erkannt werden.

Die zur Verübung solcher Uebertretungen bestimmten besonderen Werkzeuge, Anzüge und Geräthschaften unterliegen der Konfiskation.

Fünftes Hauptstück.

Uebertretungen in Bezug auf Sittenpolizei.

Art. 95.

Konkubinat.

Personen, welche in fortgesetzter außerehelicher Geschlechtsverbindung in einer Wohnung zusammenleben, sind an Geld bis zu fünf und zwanzig Gulden oder mit Arrest bis zu acht Tagen zu strafen und von einander zu trennen.

Art. 96.

Oeffentliche Verletzung der Sittlichkeit u. Schamhaftigkeit.

Wer an öffentlichen Orten durch Handlungen, welche die Sittlichkeit und Schamhaftigkeit verletzen, Aergerniß gibt, unsittliche Vorträge hält oder unzüchtige Lieder absingt, wird an Geld bis zu fünf und zwanzig Gulden oder mit Arrest bis zu acht Tagen gestraft.

Art. 97.

Gewerbsmäßige Unzucht.

Weibspersonen, welche mit ihrem Körper unzüchtiges Gewerbe treiben, werden mit Arrest bis zu dreißig Tagen, dessen Schärfung zulässig ist, gestraft.

Im Rückfalle kann zugleich die Zulässigkeit der Stellung unter Polizeiaufsicht und in weiteren Rückfällen die Zulässigkeit der Verwahrung in einer Polizeianstalt im Strafurtheile ausgesprochen werden.

Art. 98.

Betrunkene, welche öffentliches Aerger- Trunkenheit. niß erregen oder Unfug treiben und Störungen verursachen, können von öffentlichen Wegen, Plätzen und Versammlungsorten, sowie aus Wirthschaftslokalitäten entfernt werden.

Gefährden dieselben die Sicherheit dritter Personen oder fremden Eigenthums oder verüben sie Störungen der öffentlichen Ruhe, so können sie, soweit es zur Verhütung weiteren Unfugs erforderlich ist, bis auf höchstens vier und zwanzig Stunden in polizeilichen Gewahrsam genommen werden.

Wer binnen Jahresfrist zum dritten oder öfteren Male gemäß Abs. 2 betreten wird, ist mit Arrest bis zu acht Tagen zu strafen, welcher auch geschärft werden kann.

Art. 99.

Eltern, Pflegeeltern, Vormünder, Verbotener Dienst- und Lehrherren, welche ihren schul- Wirthshaus- pflichtigen Kindern, Pflegekindern, Mündeln, besuch. Dienstboten oder Lehrlingen den Besuch von Wirthshäusern ohne gehörige Aufsicht oder die Theilnahme an öffentlichen Tanzunterhaltungen gestatten, werden an Geld bis zu zehn Gulden gestraft, womit im Rückfalle Arrest bis zu drei Tagen verbunden werden kann.

Mit Arrest bis zu drei Tagen sind auf Antrag der betreffenden Schulbehörde Sonntagsschulpflichtige zu strafen, welche gegen das Verbot ihrer Eltern, Pflegeeltern, Vormünder, Dienst- oder Lehrherren Wirthshäuser oder öffentliche Tanzplätze besuchen.

Art. 100.

Thierquälerei. Wer Thiere roh mißhandelt oder bos-haft quält, wer den zur Verhütung einzelner Arten von Thierquälerei durch Verordnung erlassenen Bestimmungen zuwiderhandelt, wird an Geld bis zu fünf und zwanzig Gulden oder mit Arrest bis zu acht Tagen gestraft.

Wer Vögel, deren Einfangen, Tödten und Verkauf durch Verordnung verboten ist, einfängt, tödtet oder verkauft, wer Nester, Eier oder Nestbrut solcher Vogelarten außerhalb seiner Anwesens-Gebäude und umschlossenen Gärten ausnimmt oder zerstört, ist an Geld bis zu fünfzehn Gulden oder mit Arrest bis zu fünf Tagen zu strafen.

Sechstes Hauptstück.

Unerlaubte Glücksspiele.

Art. 101.

An Geld bis zu hundert Gulden wird gestraft:

1) wer ohne polizeiliche Bewilligung eine öffentliche Lotterie oder Ausspielung unternimmt oder eine Glücksbude an öffentlichen Orten aufstellt oder bei polizeilich bewilligten Unternehmungen der Art den festgesetzten Ausspielungsplan nicht einhält;

2) wer ein Wettkomptoir auf Ziehungen von Lotterien oder Ausspielungen errichtet;

3) wer für nicht erlaubte Lotterien oder Ausspielungen Loose verkauft oder Theilnehmer sammelt;

4) wer mit Promessen auf Prämien in- oder ausländischer Lotterieanlehen Handel treibt.

Art. 102.

Wer in einer ausländischen in Bayern nicht zugelassenen Lotterie spielt, wird an Geld bis zu fünfzig Gulden gestraft.

Art. 103.

Wer in öffentlichen Blättern oder Anschlägen unerlaubte Lotterien oder Aus-

4*

spielungen ankündigt, Loose oder Promessen
hiezu oder Promessen auf Prämien in= oder
ausländischer Lotterieanlehen ausbietet oder
zur Theilnahme an solchen Unternehmungen
einladet, wird an Geld bis zu fünfzig
Gulden gestraft.

Gleicher Strafe unterliegt der Re=
dakteur oder, soferne dieser für Ankündig=
ungen nicht verantwortlich ist, der Verleger
des öffentlichen Blattes, welches die be=
treffende Ankündigung aufgenommen hat.

Art. 104.

Wer außer dem Falle des Strafgesetz=
buches Art. 333 und des Art. 101 ein
durch Verordnung verbotenes Glücksspiel
an öffentlichen Orten veranstaltet oder
daran theilnimmt, wird neben Konfiskation
des zum Spiel ausgelegten Geldes und
der Spielgeräthschaften an Geld bis zu
fünf und zwanzig Gulden gestraft.

Gleicher Strafe unterliegen Wirthe
und Inhaber anderer öffentlicher Lokali=
täten, welche solche Spiele wissentlich in
ihren Lokalen dulden.

Die in Gemäßheit des gegenwärtigen
Artikels erkannten Geldstrafen sowie das
konfiszirte Spielgeld und der Erlös aus
den konfiszirten Spielgeräthschaften fließen
zu zwei Drittheilen in die Armenkasse des
Ortes der Uebertretung.

Siebentes Hauptſtück.

Uebertretungen in Bezug auf religiöſe Einricht-
ungen, Erziehung und Bildung.

Art. 105.

Störung der
Sonntagsfeier

An Geld bis zu fünf und zwanzig
Gulden wird geſtraft, wer außer bringenden Fällen den gegen Störung der Feier
der Sonn- und Feſttage, und zwar für ge-
miſchte Orte nach Maßgabe des § 82 der
II. Verfaſſungsbeilage, erlaſſenen Verordnungen oder den auf Grund derſelben ergangenen ortspolizeilichen Vorſchriften zuwiderhandelt.

Art. 106.

Störung
gottesdienſt-
licher Hand-
lungen.

Wer den zur Aufrechthaltung der
Ordnung und Fernehaltung von Störungen
an religiöſen Verſammlungsorten oder bei
gottesdienſtlichen Handlungen einer vom
Staate anerkannten Religionsgeſellſchaft
erlaſſenen ortspolizeilichen Vorſchriften zuwiderhandelt, wird an Geld bis zu fünfzehn Gulden geſtraft.

Art. 107.

Vernachläſſig-
ung des Schul-
beſuches.

Mit Arreſt bis zu drei Tagen oder
an Geld bis zu zehn Gulden werden
Eltern, Pflegeeltern, Vormünder, Dienſt-
und Lehrherren geſtraft, welche ohne genügende Entſchuldigung beharrlich unterlaſſen,
ihre ſchulpflichtigen Kinder, Pflegekinder,
Mündel, Dienſtboten oder Lehrlinge zum

Schulbeſuche anzuhalten, ohngeachtet ſie von der Schulbehörde wegen ſchuldbarer Schulverſäumniſſe auf Grund der beſtehenden Schulordnung wiederholt mit Geldſtrafe belegt und von der Polizeibehörde vor weiteren Schulverſäumniſſen gewarnt worden ſind.

Arreſt bis zu drei Tagen kann auf Antrag der betreffenden Schulbehörde gegen diejenigen erkannt werden, welche aus eigenem Verſchulden den Beſuch der Sonntagsſchule oder während ihrer allgemeinen Sonntagsſchulpflicht den Beſuch des öffentlichen Religionsunterrichts fortgeſetzt verſäumen und hiewegen von der Polizeibehörde verwarnt worden ſind.

Art. 108.

An Geld bis zu fünfzig Gulden wird geſtraft:

1) wer ohne die nach Verordnung erforderliche polizeiliche Bewilligung eine Erziehungs- oder Unterrichtsanſtalt gründet oder leitet;

2) wer ohne polizeiliche Bewilligung Tanzunterricht, an welchem Perſonen männlichen und weiblichen Geſchlechts gleichzeitig theilnehmen, oder eine Anſtalt für Fecht-, Turn- oder Schwimmunterricht eröffnet.

Zugleich iſt in dem Strafurtheile die Schließung ſolcher Anſtalten auszuſprechen.

Unberechtigte Privatbildungsanſtalten, unberechtigter Privatunterricht.

Achtes Hauptſtück.

Uebertretungen in Bezug auf Leben und
Geſundheit.

Art. 109.

An Geld bis zu hundert Gulden
oder mit Arreſt bis zu dreißig Tagen wird
geſtraft:

1) wer in den Landestheilen diesſeits
des Rheins vor Ausfertigung des
durch oberpolizeiliche Vorſchrift angeordneten Todtenſcheines, in der
Pfalz vor Ausfertigung des geſetzlich
erforderlichen Erlaubnißſcheines durch
den Civilſtandsbeamten, eine Leiche beerdigt oder beerdigen läßt;

2) wer zu einer Leichenöffnung ſchreitet,
ehe die erſte Leichenſchau ſtattge-
funden hat und Kennzeichen des erfolgten Todes eingetreten ſind.

An Geld bis zu zehn Gulden iſt zu
ſtrafen, wer über die Zeit des eingetretenen
Todes bei der Todtenbeſchau wiſſentlich falſche
Angaben macht.

Art. 110.

An Geld bis zu fünf und zwanzig
Guldenwird geſtraft:

1) wer ohne Bewilligung der zuſtändigen Behörde eine Leiche von dem
Sterbeorte an einen anderen als den
ordnungsgemäßen Ort der Beerdig-

ung verbringt oder verbringen läßt
oder den bei Ertheilung der Bewilligung getroffenen polizeilichen Anordnungen zuwiderhandelt;

2) wer ohne Bewilligung der zuständigen Behörde eine Leiche an einem
anderen Orte als auf einem öffentlichen Kirchhofe oder in einer besonderen gesetzlich zulässigen oder polizeilich genehmigten Gruft oder Be-
gräbnißstätte beerdigt oder beerdigen
läßt;

3) wer den Bestimmungen der durch
ortspolizeiliche Vorschrift erlassenen
Leichenordnung oder den oberpolizeilichen Vorschriften über Zeit, Ort
und Art der Beerdigung zuwiderhandelt.

Todtengräber, welche eine solche Uebertretung ausführen oder dazu Beihilfe
leisten, oder welche den gesetzlichen Vorschriften oder den ihnen besonders bekannt
gemachten Anordnungen der Polizeibehörde
über Anlage, Tiefe, Ordnung und Oeffnung
der Gräber zuwiderhandeln, sind an Geld
bis zu fünf und zwanzig Gulden oder mit
Arrest bis zu acht Tagen zu bestrafen.
Bei wiederholtem Rückfalle kann der Polizeirichter aussprechen, daß der Verurtheilte
für die Verrichtung eines Todtengräbers
nicht mehr verwendet werden darf.

Art. 111.

Einer Geldstrafe bis zu zehn Gulden unterliegt, wer gegen ortspolizeiliches Verbot Leichen öffentlich zur Schau stellt.

Art. 112.

Medizinische Pfuscherei.

Wer ohne Berechtigung gegen Belohnung oder einem besonderen an ihn erlassenen polizeilichen Verbote zuwider die Heilung einer äußeren oder inneren Krankheit oder eine geburtshilfliche oder thierärztliche Handlung unternimmt, wird an Geld bis zu fünfzig Gulden, womit im Rückfalle Arrest bis zu acht Tagen verbunden werden kann, und wenn durch die That Leben oder Gesundheit eines Menschen gefährdet worden ist, mit Arrest bis zu zwei und vierzig Tagen oder an Geld bis zu hundert und fünfzig Gulden gestraft.

Diese Bestimmung findet keine Anwendung, wenn eine solche Handlung in einem Nothfalle vorgenommen worden ist.

Nach den vorstehenden Bestimmungen sind auch berechtigte Medizinalpersonen zu behandeln, wenn sie mit Ueberschreitung ihrer durch Verordnung bestimmten Befugnisse eine der in Abs. 1 bezeichneten Handlungen vornehmen.

Art. 113.

Uebertretungen der Medizinalpersonen.

Aerzte, Wundärzte, Bader, Hebammen und Thierärzte trifft:

1) Geldstrafe bis zu fünf und zwanzig

Gulden, wenn ſie ohne Bewilligung
der zuſtändigen Polizeibehörde den
ihnen angewieſenen Wohnſitz ver-
ändern;

2) Geldſtrafe bis zu hundert Gulden,
wenn ſie in bringenden Fällen die
angeſprochene Hilfe ohne genügende
Entſchuldigung verweigern.

Art. 114.

Uebertret-
ungen in Bezug
auf Gift und
Arzneimittel.

Wer ohne Berechtigung Gift zubereitet, verkauft oder ſonſt Anderen überläßt,
wird neben Konfiskation des Giftes an
Geld bis zu hundert Gulden, womit im
Rückfalle Arreſt bis zu vierzehn Tagen verbunden werden kann, geſtraft.

Befindet ſich Jemand im rechtmäßigen
Beſitze von Gift, ſo iſt vorſtehende Beſtimmung nur dann anwendbar, wenn er
daſſelbe an andere als zu ſolchem Beſitze
berechtigte Perſonen verkauft oder überläßt.

Wer außer dem Falle des Abſ. 1 den
Verordnungen über Zubereitung, Verar-
beitung, Aufbewahrung, Verſendung, Verkauf und Verwendung von Giftſtoffen zuwiderhandelt, wird an Geld bis zu hundert und fünfzig Gulden, woneben auf
Konfiskation der Giftſtoffe erkannt werden
kann, geſtraft.

Auf welche Stoffe vorſtehende Beſtimmungen anwendbar ſind, iſt nach den
beſtehenden Verordnungen zu bemeſſen.

Art. 115.

An Geld bis zu hundert Gulden, womit im Rückfalle Arrest bis zu vierzehn Tagen verbunden werden kann, wird gestraft:

1) wer unbefugt oder mit Ueberschreitung seiner Befugnisse Arzneien, deren Verkauf beschränkenden Verordnungen unterliegt, zubereitet, verkauft oder sonst an Andere überläßt;

2) wer den Verordnungen über den Verkauf von kosmetischen oder Geheimmitteln zuwiderhandelt.

Wer den in der Apothekerordnung oder in sonstigen Verordnungen enthaltenen Vorschriften über Führung, Zubereitung, Aufbewahrung und Verkauf der Arzneien zuwiderhandelt, wird auf Antrag der zuständigen Medizinalbehörde an Geld bis zu hundert Gulden gestraft.

Die in Abs. 1 bezeichneten Arzneien, kosmetischen oder Geheimmittel, desgleichen unbrauchbare oder verdorbene Arzneiwaaren, vorschriftswidrige Maße, Gewichte und Waagen, welche in den Geschäftslokalitäten der zum Verkaufe von Arzneien berechtigten Personen gefunden werden, unterliegen der Konfiskation.

Die Abgabe von Heilmitteln für Hausthiere an Viehbesitzer oder deren Stellvertreter durch berechtigte Verkäufer

ohne thierärztliche Anweiſung iſt nicht
ſtrafbar, inſoferne hiebei nicht die durch
Verordnung zur Verhütung von Mißbrauch
erlaſſenen Vorſchriften übertreten werden.

Art. 116.

An Geld bis zu fünf und zwanzig
Gulden wird geſtraft, wer in öffentlichen
Blättern oder Anſchlägen kosmetiſche Mittel, Geheim- oder andere Heilmittel, deren
Verkauf von der zuſtändigen Behörde nicht
erlaubt iſt, anzeigt oder bei der Ankündigung ſolcher Mittel den Bedingungen zuwiderhandelt, unter welchen der Verkauf
von der zuſtändigen Behörde geſtattet worden iſt.

Gleicher Strafe unterliegt der Redakteur oder, ſoferne dieſer für Ankündigungen nicht verantwortlich iſt, der Verleger
des öffentlichen Blattes, welches eine ſolche
Ankündigung aufgenommen hat.

Art. 117.

Uebertret-
ungen in Bezug
auf Schutz-
pockenimpfung.

Eltern, Pflegeeltern und Vormünder,
welche weder ihre impfpflichtigen Kinder,
Pflegekinder oder Mündel auf ergangene
obrigkeitliche Bekanntmachung zur öffentlichen Impfung und Impfkontrole bringen,
noch innerhalb der von der Polizeibehörde
feſtgeſetzten Friſt die gänzliche oder zeitliche
Befreiung der betreffenden Kinder von der
Impfpflichtigkeit nachweiſen, werden beim
erſten Uebertretungsfalle an Geld bis zu

fünf Gulden und bei fortgesetzter Säum-
niß an Geld bis zu fünf und zwanzig
Gulden gestraft.

Art. 118.

An Geld bis zu zehn Gulden werden
Vorsteher von Privatunterrichts- oder Er-
ziehungsanstalten gestraft, welche Kinder
aufnehmen, ohne durch vorschriftsmäßige
Zeugnisse versichert zu sein, daß dieselben
den Verordnungen über die Schutzpocken-
Impfung Genüge geleistet haben.

Art. 119.

Familienhäupter und deren Stellvertreter, in deren Wohnung die natürlichen
Blattern ausgebrochen sind, und welche
nicht innerhalb zwölf Stunden, nachdem sie
von der Natur der Krankheit Kenntniß
erlangt haben, der Polizeibehörde Anzeige
machen oder einen zur Praxis berechtigten
Arzt zu Hilfe rufen, werden an Geld bis
zu zehn Gulden bestraft.

Uebertret-
ungen in Bezug
auf ansteckende
Krankheiten.

Art. 120.

Wer wissentlich an einem ansteckenden
Uebel leidet und mit Verheimlichung desselben sich als Dienstbote, Amme, Geselle,
Gewerbsgehilfe, Lehrling oder Fabrikarbeiter
verdingt, desgleichen wer im Dienste von
einem solchen Uebel befallen wird und solches der Dienstherrschaft, dem Meister oder
dem Fabrikherrn verheimlicht, wird mit

Arreſt bis zu acht Tagen oder an Geld
bis zu zehn Gulden geſtraft.

Die Befugniß der Polizeibehörde, die
erforderlichen Maßregeln wegen Abſonderung
und Heilung ſolcher Perſonen zu treffen,
bleibt vorbehalten.

Art. 121,

Wer Kleidungsſtücke, Leinenzeug, Bet-
ten oder andere zur Verbreitung von An-
ſteckung geeignete Gegenſtände, welche von
einem an einer anſteckenden Krankheit
Leidenden während derſelben gebraucht
worden ſind, bei polizeilicher Nachfrage
verheimlicht oder nicht in der von der Polizeibehörde vorgeſchriebenen Weiſe reinigt
oder der polizeilich angeordneten Vernichtung entzieht, desgleichen wer wiſſentlich
ſolche zur Vernichtung geeignete Gegenſtände verkauft, in Umlauf ſetzt oder an
ſich bringt, wird an Geld bis zu fünfzig
Gulden oder mit Arreſt bis zu vierzehn
Tagen geſtraft.

Die zur Vernichtung beſtimmten Gegenſtände werden konfiszirt.

Art. 122.

Uebertret-
ungen in Bezug
auf Thierkrank-
heiten und ge-
fallene Thiere.

An Geld bis zu zehn Gulden wird
geſtraft, wer Schafe oder andere Hausthiere der zur Verhütung der Schafräude
oder ſonſtiger Viehſeuchen oberpolizeilich
angeordneten Beſchau entzieht oder nicht
rechtzeitig unterſtellt.

Art. 123.

An Geld bis zu fünf und zwanzig Gulden wird gestraft, wer, nachdem er Kennzeichen einer ansteckenden Krankheit an einem ihm zugehörigen oder seiner Hut oder Aufsicht anvertrauten Thiere wahrgenommen hat, nicht sofort das Thier von Orten, wo die Gefahr der Ansteckung fremder Thiere besteht, ferne hält und der Ortspolizeibehörde Anzeige macht oder einen zur Praxis berechtigten Thierarzt zur Behandlung des erkrankten Thieres beizieht.

Erscheinen an einem Thiere Kennzeichen der Wuth, so muß dasselbe sogleich getödtet oder auf andere Weise unschädlich gemacht werden, widrigenfalls die Eingangs bestimmte Strafe einzutreten hat.

Art. 124.

Zuwiderhandlungen gegen die oberpolizeilichen Vorschriften über das Wegschaffen, den Transport und das Vergraben gefallener Thiere, sowie über das Ausgraben verscharrter Thiere und Thierknochen werden an Geld bis zu zehn Gulden, und wenn dieselben wissentlich in Ansehung eines an einer ansteckenden Krankheit gefallenen oder wegen derselben getödteten Thieres begangen werden, an Geld bis zu fünf und zwanzig Gulden gestraft.

Art. 125.

Wasenmeister, welche den ihre Verrichtungen betreffenden oberpolizeilichen Vorschriften zuwiderhandeln, unterliegen einer Geldstrafe bis zu fünfzig Gulden.

Art. 126.

Gemeinschaft-
liche Bestim-
mung.

Aerzte, Wundärzte und Thierärzte, welche die ihnen nach Verordnung obliegende Anzeige von dem Ausbruche einer ansteckenden Krankheit unter Menschen oder Thieren nicht sofort der Polizeibehörde erstatten, werden an Geld bis zu fünfzig Gulden gestraft.

Art. 127.

Uebertret-
ungen in Bezug
auf Bad- und
Heilanstalten.

Wer ohne Genehmigung der zuständigen Behörde eine Privatheil- oder Entbindungsanstalt oder eine Bade-Anstalt eröffnet oder den bezüglich der Einrichtung und des Betriebs einer solchen Anstalt von der zuständigen Behörde im Interesse der Gesundheitspflege, der Sittlichkeit und der persönlichen Sicherheit festgesetzten Bedingungen zuwiderhandelt, wird an Geld bis zu hundert Gulden gestraft.

In dem Straferkenntnisse ist die Schließung solcher nicht genehmigter Anstalten anzusprechen. Im Falle des Zuwiderhandelns gegen die für die Einrichtung und den Betrieb polizeilich festgesetzten Bedingungen kann bis zur Abänderung der ordnungswidrigen Einrichtung oder des ordnungswidrigen Betriebes auf Schließung erkannt werden.

Art. 128.

Wer den oberpolizeilichen Vorschriften zur Verhütung von Gefahren für die Gesundheit bei dem Arbeitsbetriebe in Fabriken und bei Gewerben zuwiderhandelt, wird an Geld bis zu fünfzig Gulden gestraft.

Uebertretung gesundheitspolizeilicher Vorschriften in Fabriken und bei Gewerben.

Art. 129.

An Geld bis zu hundert Gulden wird gestraft, wer Fabriken oder Werkstätten, welche eine schädliche oder belästigende Ausdünstung verbreiten oder sonst für die Nachbarn oder das Publikum erhebliche Gefahren, Nachtheile oder Belästigungen herbeiführen können, ohne Genehmigung der zuständigen Behörde errichtet oder wesentlich verändert oder den bei Ertheilung dieser Genehmigung bezüglich der Lage, Einrichtung und des Betriebs solcher Fabriken oder Werkstätten erlassenen polizeilichen Anordnungen zuwiderhandelt.

Das Verzeichniß der unter Abs. 1 begriffenen Fabriken und Werkstätten wird durch Verordnung festgesetzt.

Im Strafurtheile ist die Schließung der unbefugt errichteten oder veränderten Fabrik oder Werkstätte auszusprechen. Bei eigenmächtiger Abweichung von den bei Ertheilung der Genehmigung erlassenen polizeilichen Anordnungen kann auf Schließung bis zur Abänderung der vorschriftswidrigen Einrichtung erkannt werden.

Ueberdies hat der Polizeirichter auszusprechen, daß die Polizeibehörde befugt ist,
die Abänderung, den Abbruch oder die
Entfernung der ordnungswidrigen Vorrichtungen zu verfügen.

Art. 130.

Wer den Verordnungen oder ortspo-
lizeilichen Vorschriften über Anlage und
Einrichtung von Abtritten, Düng- und
Versitzgruben in Wohngebäuden oder in
unmittelbarer Nähe von Wohnungen,
Brunnen oder Brunnquellen zuwiderhandelt,
wird an Geld bis zu fünf und zwanzig
Gulden gestraft.

Gleicher Strafe unterliegt, wer den
ortspolizeilichen Vorschriften über das Beziehen neuhergestellter Wohnungen oder
Wohnungsräume zuwiderhandelt.

Im Falle des Abs. 1 hat der Polizeirichter zu erkennen, daß die Polizeibehörde
berechtigt ist, die Entfernung oder Abänderung der vorschriftswidrigen Vorrichtungen
zu verfügen.

Die nach Maßgabe des gegenwärtigen
Artikels erkannten Geldstrafen fließen zu
zwei Drittheilen in die Armenkasse des
Ortes der Uebertretung.

Art. 131.

An Geld bis zu fünf und zwanzig
Gulden wird gestraft:

1) wer den ober= oder ortspolizeilichen Vorschriften über Beschau des zur menschlichen Nahrung bestimmten Viehes vor und nach der Schlacht= ung zuwiderhandelt;

2) wer andere verkäufliche Nahrungs= mittel, Eßwaaren oder Getränke der durch ober= oder ortspolizeiliche Vor= schrift angeordneten Beschau ent= zieht.

Die nach Maßgabe des gegenwärtigen Artikels erkannten Geldstrafen fließen zu zwei Drittheilen in die Armenkasse des Ortes der Uebertretung.

Art. 132.

Wer den zur Verhütung von Ge= fahren für die Gesundheit bei der Zube= reitung und Aufbewahrung, dem Ausmessen und Auswägen verkäuflicher Nahrungs= mittel, Eßwaaren und Getränke ergangenen ober= oder ortspolizeilichen Vorschriften zu= widerhandelt, desgleichen wer ekelhafte, verdorbene oder der Gesundheit schädliche Gegenstände dieser Art feilbietet oder ver= kauft, wird an Geld bis zu fünf und zwanzig Gulden gestraft, womit im Rück= falle Arrest bis zu drei Tagen verbunden werden kann.

An Geld bis zu zehn Gulden wird gestraft, wer die ortspolizeilichen Anord= nungen über Reinlichkeit in Mühlen,

schriften in Be= zug auf Nah= rungsmittel und sonstige Ge= brauchsgegen= stände.

Schlachthäusern, Fleischbänken und auf Märkten übertritt.

Im Strafurtheile ist zugleich die Konfiskation der in Abs. 1 bezeichneten schädlichen Gegenstände auszusprechen.

Für die Landestheile diesseits des Rheines bleiben die bestehenden Bestimmungen über Erzeugung und Verleitgabe von Bier vorbehalten.

Art. 133.

An Geld bis zu fünf und zwanzig Gulden, womit im Rückfalle Arrest bis zu drei Tagen verbunden werden kann, wird gestraft, wer den oberpolizeilichen Vorschriften zur Verhütung von Gefahren für die Gesundheit

1) bei Verfertigung, Aufbewahrung oder Verpackung von Tabak oder bei Verfertigung von Koch-, Eß- oder Trinkgeschirren, Kleidungsstoffen, Kinderspielwaaren, Tapeten oder sonstigen Gegenständen des menschlichen Gebrauches oder

2) beim Anstreichen oder Bemalen von Wohnungsräumen

zuwiderhandelt.

Gleicher Strafe unterliegt, wer gegen oberpolizeiliches Verbot solche für die Gesundheit gefährliche Gegenstände feilbietet oder verkauft.

Zugleich kann auf Konfiskation solcher Gegenstände erkannt werden.

Art. 134.

Die in Gemäßheit der Art. 132 und 133 erkannten Geldstrafen sowie der Erlös der gemäß dieser Artikel konfiszirten und nicht zur Vernichtung bestimmten Gegenstände fließen zu zwei Drittheilen in die Armenkasse des Ortes der Betretung.

Art. 135.

Einer Geldstrafe bis zu fünf und zwanzig Gulden unterliegt, wer ohne polizeiliche Bewilligung eine Schießstätte errichtet oder den hiebei von der Polizeibehörde ertheilten Anordnungen zuwiderhandelt.

Unbefugte Errichtung von Schießstätten.

Art. 136.

An Geld bis zu drei Gulden wird gestraft, wer an einem durch ortspolizeiliche Vorschrift verbotenen Orte badet oder gegen ortspolizeiliches Verbot sich auf eine Eisdecke begibt.

Verbotenes Baden und Betreten einer Eisdecke.

Art. 137.

Wer mit Gefahr für Personen oder Eigenthum oder für die öffentliche Sittlichkeit Blödsinnige oder Geisteskranke, deren Aufsicht ihm obliegt, frei auf Straßen oder an öffentlichen Orten herumgehen läßt, wird an Geld bis zu fünf und zwanzig Gulden gestraft.

Vernachlässigung der Aufsicht auf Blödsinnige und Geisteskranke.

Hat eine solche Person einen Angriff gegen Personen oder fremdes Eigenthum

verübt und ist wegen Unzurechnungsfähig-
keit des Beschuldigten ein freisprechendes
oder ein das Strafverfahren einstellendes
Erkenntniß erfolgt, so ist die Polizeibehörde
berechtigt, auf den Grund gerichtsärztlichen
Gutachtens deren Unterbringung in einer
Irrenanstalt oder deren sonstige genügende
Verwahrung anzuordnen.

Art. 138.

Vernachlässig-
ung der schuld-
igen Pflege.

Wer ihm angehörige oder anvertraute
Kinder, Kranke, Gebrechliche, Blödsinnige
oder andere dergleichen hilflose Personen
in Bezug auf Schutz, Aufsicht, Verpfleg-
ung oder ärztlichen Beistand in einer öffentliches Aergerniß erregenden Weise verwahr-
lost, wird auf Antrag der betreffenden Gemeindeverwaltung an Geld bis zu fünfzig
Gulden oder mit Arrest bis zu vierzehn
Tagen gestraft.

Art. 139.

Trunkenheit
bei gefährlichen
Verrichtungen.

Wer bei Verrichtungen, welche zur
Verhütung von Gefahr für Leben und
Gesundheit Dritter besondere Vorsicht er-
fordern, sich betrinkt, wer betrunken solche
Verrichtungen außer Nothfällen vornimmt,
wird an Geld bis zu fünfundzwanzig
Gulden oder mit Arrest bis zu acht Tagen
gestraft.

Art. 140.

Uebertret-
ungen in An-
sehung der Auf-
sicht auf Thiere.

An Geld bis zu fünfundzwanzig
Gulden wird gestraft, wer ohne polizeiliche
Bewilligung gefährliche wilde Thiere hält,

wer bezüglich derselben die zur Verhütung von Beschädigungen ihm polizeilich aufgetragenen oder sonst erforderlichen Maßregeln vernachläſſigt oder nicht augenblicklich der Polizeibehörde Anzeige erſtattet, ſobald ihm ein ſolches Thier aus der Verwahrung entkommen iſt.

Die Polizeibehörde iſt befugt, die Thiere, rückſichtlich welcher die Uebertretung begangen worden iſt, tödten zu laſſen.

Ein ausgebrochenes Thier ſolcher Art darf von Jedermann getödtet werden.

Art. 141.

Wer in Anſehung ihm angehöriger zahmer Thiere, welche beſondere bösartige Eigenſchaften haben oder ſonſt Schaden verurſachen können, die zur Verhütung von Beſchädigungen von Perſonen oder fremden Sachen erforderlichen Vorſichtsmaßregeln nicht anwendet, wird an Geld bis zu zehn Gulden geſtraft.

Art. 142.

An Geld bis zu zehn Gulden wird geſtraft:

1) wer Hunde der durch ober- oder ortspolizeiliche Vorſchrift angeordneten und öffentlich bekannt gemachten Viſitation entzieht oder nicht rechtzeitig unterſtellt oder die von der Ortspolizeibehörde vorgeſchriebenen Zeichen für dieſelben nicht löſt;

2) wer Hunde in Kirchen oder zu Pferde=
   rennen mitnimmt;

3) wer gegen ortspolizeiliches Verbot
   Hunde auf Leichenhöfe, in öffentliche
   Wirthschaftslokale, in Theater, Fleisch=
   bänke, auf Märkte oder zu öffent=
   lichen Feierlichkeiten mitnimmt, solche
   ,während der Nachtzeit auf öffent=
   lichen Straßen frei herumlaufen
   läßt, läufige Hündinnen nicht gehörig
   verwahrt oder freilaufende Hunde
   größerer Gattungen nicht mit einem
   wohlbefestigten Maulkorbe versieht.

Unabhängig von der Strafverfolgung
steht der Polizeibehörde die Befugniß zu,
die ohne vorgeschriebenes Zeichen oder ge=
gen Verbot frei oder ohne Maulkorb
herumlaufenden Hunde einfangen und nach
Ablauf eines festgesetzten und öffentlich be=
kannt gemachten Zeitraumes tödten zu
lassen, wenn sich der Besitzer innerhalb
dieses Zeitraumes nicht gemeldet hat.

Zuwiderhandlungen gegen die ober=
polizeilichen Vorschriften, welche gegen den
Ausbruch oder die Verbreitung der Wuth=
krankheit unter den Hunden gerichtet sind,
und aus Anlaß vorkommender wuthkranker
oder wuthverdächtiger Hunde besonders be=
kannt gemacht oder den Hundebesitzern er=
öffnet worden sind, unterliegen einer Geld=
strafe bis zu hundert Gulden oder einer
Arreststrafe bis zu dreißig Tagen.

Die nach Maßgabe des gegenwärtigen Artikels erkannten Geldstrafen fließen zu zwei Drittheilen in die Armenkasse des Ortes der Uebertretung.

Art. 143.

Wer an Orten, wo Personen oder fremdes Eigenthum beschädigt werden können, Thiere geflissentlich reizt, scheu oder wild macht, wer Hunde auf Personen oder mißbräuchlich auf Thiere hetzt, wer seinen Hund vom Angriffe auf Personen oder Thiere nicht zurückhält, wird an Geld bis zu fünfzig Gulden oder mit Arrest bis zu vierzehn Tagen gestraft.

Art. 144.

An Geld bis zu fünf und zwanzig Gulden oder mit Arrest bis zu acht Tagen wird gestraft;

Uebertretungen in Bezug auf Reiten und Fahren.

1) wer durch schnelles oder unbehutsames Reiten oder Fahren Menschen oder fremdes Eigenthum in Gefahr setzt;

2) wer auf öffentlichen Straßen oder Plätzen der Ortschaften mit gemeiner Gefahr Pferde zureitet oder einfährt;

3) wer auf öffentlichen Straßen oder Wegen das Vorbeifahren Anderer muthwillig verhindert.

Derselben Strafe unterliegt der Dienstherr, welcher die Uebertretung vorstehender

Bestimmungen von Seite seiner Kutscher oder Diener wahrnimmt, ohne dieselbe zu verbieten.

Art. 145.

An Geld bis zu zehn Gulden wird gestraft:

1) wer auf Brücken, die ganz oder theilweise aus Holz oder Eisen hergestellt sind, anders als im Schritte fährt oder reitet;

2) wer den ortspolizeilichen Fahrordnungen oder sonstigen ortspolizeilichen Vorschriften über das Reiten und Fahren im Innern der Ortschaften zuwiderhandelt;

3) wer den oberpolizeilichen Vorschriften über das Ausweichen der Reiter, Fuhrwerke und Viehheerden auf öffentlichen Straßen, Wegen und Plätzen zuwiderhandelt;

4) wer den oberpolizeilichen Vorschriften über die Art der Bespannung und den Gebrauch bestimmter Fuhrwerke zuwiderhandelt;

5) wer ohne Bewilligung der zuständigen Behörde auf öffentlichen Straßen oder Wegen mit mehreren aneinander gehängten Wägen fährt, wobei jedoch bei landwirthschaftlichen Fuhrwerken das Aneinanderhängen zweier Wägen gestattet ist;

6) wer — mit Ausnahme von Nothfällen und insoweit durch oberpolizeiliche Vorschriften für bestimmte
Gegenden eine Ausnahme nicht zugelassen ist, — auf öffentlichen
Straßen oder Wegen mehr als zwei
Schlitten an dem Haupt- oder Vor-
schlitten anbringt oder nicht jeden
angebrachten Schlitten so befestigt,
daß derselbe das Geleise des vorhergehenden Schlittens einhalten muß;

7) wer bei dem Bergabfahren an jenen
Stellen, wo solches durch obrigkeitlichen Anschlag geboten ist, sein Fuhrwerk durch Einlegung des Rad-
schuhes, durch Anwendung von Rad-
schleiffsperren oder Bremsvorrichtungen
und bei Glatteis durch Anbringung
von Eisketten zu hemmen unterläßt;

8) wer bei übernommener Leitung eines
Fuhrwerkes sich durch Schlafen oder
sonstiges Verschulden in eine Lage
gebracht hat, daß er sein Gespann
nicht mehr gehörig zu leiten im
Stande ist;

9) wer Reitpferde oder Gespann an bewohnten oder besuchten Orten, auf
öffentlichen Straßen oder Plätzen
ohne Aufsicht oder mit Vernachlässigung der erforderlichen Sicherheits-
maßregeln sich selbst überläßt;

10) wer scheue oder mit gefährlichen

Fehlern behaftete Pferde mit Kenntniß dieses Umstandes einem Andern
ohne Warnung und Belehrung zum
Gebrauche überläßt oder an bestellte
Fuhren spannt.

In den Fällen der Ziffer 4 bis 6
kann der Eigenthümer des Fuhrwerkes für
die von seinen Dienstboten, Kindern oder
sonstigen unselbstständigen Hausgenossen
verwirkten Geldstrafen haftbar gemacht
werden.

Art. 146.

Sonstige Gefährdungen. An Geld bis zu zehn Gulden wird
gestraft, wer mit Gefahr für Personen oder
fremdes Eigenthum Gegenstände auf Straßen,
öffentliche Plätze, in Höfe oder andere geschlossene Räume, auf fremde Grundstücke
oder unter Menschen wirft oder von Gebäuden herabfallen läßt, wer Sachen auf
eine Weise ausgießt, daß dadurch die Vorübergehenden beschädigt oder verunreinigt
werden können, und wer Gegenstände,
durch deren Umsturz oder Fall Personen
auf öffentlicher Straße oder an anderen
von Menschen besuchten Orten beschädigt
werden können, ohne gehörige Befestigung
aufstellt oder aufhängt.

Kann der Thäter nicht ermittelt werden, so haftet der Inhaber des Gebäude-
theiles, woselbst die Uebertretung verübt
worden ist, für die Strafe, wenn er nicht

nachweist, daß er die Uebertretung nicht zu verhindern vermochte.

Art. 147.

An Geld bis zu fünf und zwanzig Gulden wird gestraft:

1) wer gegen die ihm besonders eröff-
   nete Anordnung der Polizeibehörde
   verabsäumt, in seinem Eigenthume
   befindliche Abhänge, Abgründe oder
   andere gefährliche Stellen an Orten,
   welche häufig von Menschen betreten
   werden, mit festen Geländern oder
   anderen zureichenden Sicherungs-
   mitteln zu umgeben;

2) wer ohne vorgängige Anzeige bei der
   Polizeibehörde Steinbrüche, Lehm-,
   Sand-, Kies-, Mergel- oder sonstige
   durch ihre Tiefe für Vorübergehende
   Gefahr verursachende Gruben an
   Straßen oder gemeinzugänglichen
   Orten anlegt, wer alte Brüche oder
   Gruben der bezeichneten Art wieder
   eröffnet und wer den Anordnungen
   zuwiderhandelt, welche von der Polizeibehörde zur Verhütung von Unglücksfällen über Entfernung solcher
   Anlagen an Straßen und Wohngebäuden, über deren Einfriedung und
   die Art und Weise ihres Betriebs
   erlassen worden sind;

3) wer Brunnen, Zisternen, Kellerzu-
   gänge, Lehm-, Kalk-, Abtritt-Gruben,

Jauchenbehälter oder andere gefährliche Vertiefungen an gemeinzugänglichen Orten, in Häusern, Hofräumen
oder Hausgärten nicht gehörig be-
deckt, umfriedet oder verwahrt hält;

4) wer Fallthüren an gemeinzugänglichen
Orten ohne die gehörigen Vorsichtsmaßregeln offen stehen läßt.

Die nach Maßgabe des gegenwärtigen
Artikels erkannten Geldstrafen fließen zu
zwei Drittheilen in die Armenkasse des
Ortes der Uebertretung.

Art. 148.

Wer ohne Beobachtung der erforderlichen Vorsichtsmaßregeln mit Gefahr für
Personen oder fremdes Eigenthum Spreng-
ungen durch explodirende Stoffe vornimmt,
wird an Geld bis zu fünf und zwanzig
Gulden gestraft.

Art. 149.

Wer ohne Bewilligung der Polizeibehörde oder ohne Beachtung der von derselben angeordneten Vorsichtsmaßregeln
Selbstgeschosse, Schlageisen oder Fußangeln
an bewohnten oder von Menschen besuchten
Orten legt oder ohne Wissen und Willen
des Besitzers in fremdem Eigenthume anbringt, wird an Geld bis zu fünfzig Gulden, in schwereren Fällen mit Arrest bis zu
dreißig Tagen gestraft.

Art. 150.

Mit Arrest bis zu vierzehn Tagen oder an Geld bis zu fünfzig Gulden wird gestraft, wer vorsätzlich und unbefugt:

1) die zur Verhütung von Unglücksfällen angebrachten Schutzmittel, Sperrungs oder Warnungszeichen entfernt oder für ihren Zweck unbrauchbar macht, oder

2) die zur öffentlichen Beleuchtung bestimmten Laternen von ihrer Stelle entfernt oder auslöscht, oder

3) die zur Hilfe bei öffentlichen Nothfällen bestimmten Geräthschaften entfernt, für ihren Zweck unbrauchbar macht oder deren Gebrauch verhindert.

Wer Gegenstände der in Ziffer 1—3 bezeichneten Art aus Fahrlässigkeit beschädigt oder für ihren Zweck unbrauchbar gemacht hat und nicht sofort für angemessene Wiederherstellung Sorge trägt, wird an Geld bis zu zehn Gulden gestraft.

Art. 151.

Wer den Verordnungen über Prüfung, Aufstellung und Gebrauch von Dampf und anderen sicherheitsgefährlichen Maschinen und dazu gehörigen Vorrichtungen und Leitungsröhren zuwiderhandelt, wird an Geld bis zu hundert und fünfzig Gulden gestraft.

Uebertretungen in Bezug auf Maschinen.

Art. 152.

An Geld bis zu fünfzig Gulden oder mit Arrest bis zu vierzehn Tagen wird gestraft, wer den oberpolizeilichen Vorschriften über Schutz der Eisenbahnen und des Eisenbahnbetriebes zuwiderhandelt, insbesondere:

1) wer die Bahn an andern als an Uebergangsstellen oder eher, als die Schranken von den Bahnbediensteten geöffnet worden sind, als Fußgänger, Reiter oder mit Wägen oder Schubkarren überschreitet;

2) wer sonst die Bahn oder die dazu gehörigen Gräben, Böschungen, Dämme, Brücken oder Tunnels oder das dazu gehörige und mit Steinen abgegrenzte Vorland unbefugt an verbotenen Stellen oder gegen ausdrückliches Verbot eines Bahnbediensteten betritt, wer daselbst reitet, mit Wägen oder Schubkarren fährt, Vieh treibt oder Gegenstände, wenn auch nur für kurze Zeit, niederlegt;

3) wer an den erlaubten Uebergängen Vieh anders als mit fliegender Geißel über die Bahn treibt oder mit Wägen anders als im Schritte und ohne Anhalten darüberfährt;

4) wer als Reiter oder mit Fuhrwerk, Lastthieren oder Viehheerden bei gesperrten Schranken ankommt und

von denselben bis zu deren Oeffnung durch einen Bahnbediensteten nicht mindestens zwanzig Schritte sich entfernt hält;

5) wer in dem Falle, daß zwei oder mehrere Fuhrwerke gleichzeitig an einer Uebergangsstelle ankommen oder sich begegnen, der Bestimmung des Bahnbediensteten über die Reihenfolge der Ueberschreitung der Bahn sich nicht fügt;

6) wer geschlossene Schranken eigenmächtig öffnet, unbefugt Wächterhütten oder Einfriedungen der Bahn oder der Stationshöfe besteigt, Einfriedungen oder sonstige Verschlußanstalten übersteigt oder unter dergleichen Absperrungen durchschlüpft.

Uebertretungen der oberpolizeilichen Vorschriften über Aufrechthaltung der Ordnung auf der Bahn, in den Bahnhöfen und auf Dampfschiffen unterliegen einer Geldstrafe bis zu zehn Gulden.

Neuntes Hauptstück.

Uebertretungen in Bezug auf Straßen=, Reinlichkeits= und Wasser=Polizei.

Art. 153.

An Geld bis zu zehn Gulden wird gestraft, wer außer Nothfällen auf öffentlichen Plätzen, Straßen oder Wegen Fuhr=

Uebertretung straßenpolizeilicher Vorschriften.

werke, Bau = oder Arbeitsstoffe, Geräthe,
Waaren, Schutt, Dünger oder andere den
Verkehr störende Gegenstände aufstellt oder
niederlegt oder daselbst Buden errichtet,
Gruben oder andere Vertiefungen oder
sonstige den Verkehr störende Vorricht=
ungen anbringt, ohne daß er hiezu die po=
lizeiliche Bewilligung erlangt hat und ohne
daß eine solche im Allgemeinen für Vor=
nahme derartiger Handlungen unter ge=
wissen Voraussetzungen ertheilt ist.

Gleicher Strafe unterliegt, wer den
bei Ertheilung der Bewilligung ergangenen
polizeilichen Anordnungen zuwiderhandelt.

Werden solche Handlungen zur Zeit
der Dunkelheit vorgenommen, oder werden
Gegenstände, welche mit polizeilicher Be=
willigung auf öffentlichen Straßen, Wegen
oder Plätzen über Nacht stehen oder liegen
bleiben und woran die Vorübergehenden
Schaden nehmen können, oder die an sol=
chen Orten angebrachten Vertiefungen nicht
nach Anordnung der Polizeibehörde geord=
net, verwahrt und beleuchtet, so tritt Geld=
strafe bis zu fünf und zwanzig Gulden
ein.

Bleiben gegen vorstehende Bestimm=
ungen Wägen von Reisenden oder fremden
Fuhrleuten auf öffentlichen Plätzen, Straßen
oder Wegen stehen, so trifft die Strafe die
Wirthe, bei welchen die Reisenden einge=
kehrt sind oder die Fuhrleute eingestellt
haben.

Die in Abſ. 1 vorgeſehene Ausnahmsbewilligung iſt, wenn es ſich um Vornahme
ſolcher Handlungen auf einer Staats- oder
Diſtriktsſtraße handelt, von der Diſtrikts-
polizeibehörde, außerdem ſowie in bringenden Fällen von der betreffenden Ortspolizeibehörde zu ertheilen.

Art. 154.

Wer ungeachtet polizeilicher Aufforderung die ihm obliegende Verpflichtung
vernachläſſigt, Wege, Brücken und Stege,
welche dem öffentlichen Verkehre gewidmet
ſind, oder die zur Verhütung von Unglücksfällen erforderlichen Geländer und ſonſtigen
Sicherungsmittel an ſolchen Wegen, Brücken
und Stegen in ſicherem Zuſtande zu erhalten, und wer bei eingetretenen Beſchädigungen ſolcher Wege, Brücken und
Stege oder bei Hemmungen des Verkehrs
auf denſelben es unterläßt, die von der
Polizeibehörde angeordneten oder ſonſt
nöthigen Warnungs- und Leitungszeichen
auszuſtecken, wird an Geld bis zu fünf
und zwanzig Gulden geſtraft.

Art. 155.

Uebertretungen des Geſetzes vom
25. Juli 1850, die Einrichtung des die
Kunſtſtraßen befahrenden Fuhrwerkes betr.,
und des durch den Landtags-Abſchied vom
1. Juli 1856 Abſchnitt III. §. 33 ver-
kündeten Zuſatzes werden nach den Be-

6*

stimmungen des genannten Gesetzes ge=
straft.

Art. 156.

An Geld bis zu zehn Gulden wird
gestraft, wer außer Nothfällen:

1) Straßen oder Wegstrecken benützt,
   welche von der zuständigen Behörde
   durch aufgeworfene Gräben, aufge=
   stellte Tafeln oder sonstige Zeichen
   als gesperrt oder verboten erklärt
   sind, oder

2) auf den abgegrenzten Fußbänken öf=
   fentlicher Straßen, auf den Trottoirs
   der Straßen in Städten, Märkten
   oder Dörfern oder auf Fußwegen,
   auf welchen solches durch ortspoli=
   zeiliche Anordnung verboten ist, rei=
   tet, fährt oder größere Lasten fort=
   bewegt, oder

3) in den Gräben öffentlicher Straßen
   reitet oder fährt, oder

4) in den Gräben, auf den Böschungen
   oder Dämmen einer Staats=, Distrikts=
   oder kunstmäßig gebauten Gemeinde=
   straße Vieh treibt oder absichtlich
   weiden läßt, insoferne nicht von
   Seite der Oberpolizei Ausnahmen
   zugelassen sind.

Wer Vieh über die Straße und
deren Zugehörungen treibt, um auf
Grundstücke zu gelangen, auf welchen
er Trieb= oder Weiderecht hat und

bei welchen besondere Uebergänge nicht vorhanden sind, unterliegt keiner Strafe.

Obige Strafe wird auch dann verwirkt, wenn die in Ziff. 2 bis 4 bezeichneten Handlungen außer Nothfällen gegen Verbot des Berechtigten auf einer kunstmäßig gebauten Privatstraße verübt werden.

Art. 157.

An Geld bis zu fünfzehn Gulden wird gestraft, wer außer Nothfällen Baumstämme, geladene Faschinen oder andere zur Beschädigung des Straßenkörpers geeignete Gegenstände auf Staats- oder Distriktsstraßen gegen oberpolizeiliches, auf Gemeindewegen gegen ortspolizeiliches Verbot schleift.

Art. 158.

Wer außer den im gegenwärtigen Gesetzbuche besonders vorgesehenen Fällen den Anordnungen zuwiderhandelt, welche über die Sicherheit und Bequemlichkeit des Verkehrs auf öffentlichen Straßen, Wegen, Plätzen, Brücken, Stegen und in öffentlichen Anlagen, sowie zur Sicherstellung derselben gegen Beschädigungen durch polizeiliche Vorschriften erlassen sind, wird an Geld bis zu zehn Gulden gestraft.

Diese Anordnungen werden in Bezug auf Staatsstraßen und deren Zugehörungen durch oberpolizeiliche, in Bezug auf

Distriktsstraßen und deren Zugehörungen
durch distriktspolizeiliche, in den übrigen
Fällen durch ortspolizeiliche Vorschriften
erlassen.

Art. 159.

Die auf Grund der Art. 153, 154,
156, 157 und 158 erkannten Geldstrafen
werden zur Bildung eines Unterstützungs-
fondes für das zur Beaufsichtigung der
Staats- und Distriktsstraßen verpflichtete
Unterpersonal verwendet, wenn die Uebertretung in Bezug auf eine Staats- oder
Distriktsstraße oder deren Zugehörungen
verübt worden ist; in den übrigen Fällen
fließen sie zu zwei Drittheilen in die
Armenkasse des Ortes der Uebertretung.

Art. 160.

Uebertret-
ungen in Bezug
auf öffentliche
Reinlichkeit.
Wer das zum Genusse für Menschen
oder Thiere bestimmte Wasser in Brunnen,
Zisternen, Leitungen oder in zum öffentlichen Gebrauche bestimmten Quellen oder
Bächen unbefugt verunreinigt oder verdirbt,
wird an Geld bis zu fünf und zwanzig
Gulden oder mit Arrest bis zu acht Tagen
gestraft.

Art. 161.

An Geld bis zu zehn Gulden wird
gestraft, wer Unrath, Bauschutt, Schnee
oder Eis an anderen als den von der
Ortspolizeibehörde hiefür bestimmten Plätzen,
und wer solche Gegenstände an fremde Ge-

bäude, in oder auf solche oder auf fremde
Grundstücke unbefugt ableert.

Gleicher Strafe unterliegt, wer den
ortspolizeilichen Vorschriften über öffentliche Reinlichkeit in Städten, Märkten und
Dörfern zuwiderhandelt.

Art. 162.

Wer öffentliche Denkmale, Statuen,
Gemälde oder andere öffentlich aufgestellte
Kunstgegenstände, wer öffentliche Spazier-
gänge oder Anlagen, Friedhöfe, Stadtthore,
öffentliche oder Privatgebäude, öffentliche
Brunnen, Wasserleitungen, im Freien befindliche und für den öffentlichen Gebrauch
bestimmte Sitzbänke, Tische oder dergleichen
Gegenstände aus Bosheit oder Muthwillen
besudelt, wird an Geld bis zu fünf und
zwanzig Gulden oder mit Arrest bis zu
acht Tagen, dessen Schärfung zulässig ist,
gestraft.

Art. 163.

Die nach Maßgabe der Art. 160—162
erkannten Geldstrafen fließen zu zwei
Drittheilen in die Armenkasse des Ortes
der Uebertretung.

Art. 164.

Uebertretungen der Gesetze vom 28. Mai 1852 über die Benützung des Wassers, dann über den Uferschutz und den
Schutz gegen Ueberschwemmungen, sowie
der auf Grund dieser Gesetze erlassenen
Verordnungen und polizeilichen Vorschriften

Uebertretung wasserpolizei-licher Bestimmungen.

werden nach Maßgabe dieser Gesetze, Verordnungen und Vorschriften gestraft.

Art. 165.

Die Uebertretung der verordnungs-
mäßigen Bestimmungen über die Schiff-
und Floßfahrt auf dem Ludwigskanale und
über die sonstige Benützung der Anlagen
dieses Kanals, sowie über Aichung der
denselben befahrenden Schiffe unterliegt
einer Geldstrafe bis zu fünfzig Gulden
oder einer Arreststrafe bis zu vierzehn Tagen. Die Geldstrafe fließt in die für das
Kanalunterpersonal errichtete Unterstützungs-
kasse.

Die Uebertretung der oberpolizeilichen
Vorschriften über die Schifffahrt auf dem
Frankenthaler Kanale und über die sonstige
Benützung der Anlagen dieses Kanals un-
terliegt gleicher Geld- oder Arreststrafe.
Die Geldstrafe wird zu Gunsten des
Kanalunterpersonals verwendet.

Die Uebertretung der durch oberpolizeiliche Vorschrift erlassenen Ordnungen
für andere Kanäle wird an Geld bis zu
fünfzig Gulden oder mit Arrest bis zu
vierzehn Tagen gestraft, wobei die Verwendung der Geldstrafen zu Gunsten des
aufgestellten Kanalunterpersonals durch Verordnung bestimmt werden kann.

Zehntes Hauptstück.

Uebertretungen in Bezug auf Feuerpolizei und Brandversicherung.

Art. 166.

An Geld bis zu fünf und zwanzig
Gulden oder mit Arrest bis zu acht Tagen
wird gestraft, wer den zur Verhütung von
Feuersgefahren für Gebäude über die Be=
handlung von Feuer und Licht, über Auf=
bewahrung feuergefährlicher Gegenstände
und über Vornahme feuergefährlicher Hand=
lungen oder Verrichtungen erlassenen Ver=
ordnungen oder ortspolizeilichen Vorschriften
zuwiderhandelt.

Uebertretung
feuerpolizei=
licher Vor=
schriften.

Gleicher Strafe unterliegen Dienst=
herrschaften, Arbeitgeber, Familienhäupter,
welche feuergefährliche Handlungen ihrer
Dienstleute oder Arbeiter, Familienglieder
oder Hausgenossen wissentlich dulden, des=
gleichen wer Kindern, Blödsinnigen, Wahn=
sinnigen oder Betrunkenen Feuer, Licht
oder leicht entzündliche Stoffe anvertraut.

Art. 167.

Wer außerhalb der Ortschaften, aber
in gefährlicher Nähe von Gebäuden, von
reifen oder der Reife nahen Getreidefeldern
oder von leicht entzündlichen im Freien
lagernden Gegenständen Feuer anmacht,
wer im Freien angemachtes Feuer verläßt,
ehe es ausgelöscht oder vollständig ungefähr=

lich gemacht worden iſt, wird an Geld bis
zu fünf und zwanzig Gulden geſtraft.

Art. 168.

Wer mit Ausnahme von Nothfällen
ohne ortspolizeiliche Bewilligung im Innern
von Gebäuden oder in feuergefährlicher
Nähe von ſolchen oder von feuerfangenden
Sachen oder innerhalb der Ortſchaften
oder auf belebten öffentlichen Wegen
Feuergewehre abſchießt oder an ſolchen
Orten Feuerwerkskörper, Böller oder
Kanonenſchläge abbrennt, wird an Geld
bis zu fünf und zwanzig Gulden oder mit
Arreſt bis zu acht Tagen geſtraft.

Auf die Ausübung des Jagdrechtes
in Hofräumen und Hausgärten, ſowie auf
den innerhalb eines Jagdbezirkes gelegenen
Wegen finden die vorſtehenden Beſtimmungen keine Anwendung, wenn dieſelbe
ohne Gefahr für Perſonen oder Gebäude
möglich iſt.

Art. 169.

Wer den Verordnungen oder oberpolizeilichen Vorſchriften über Verfertigung, Beſitz, Aufbewahrung, Verkauf und
Transport von Schießpulver, Schießbaum-
wolle, Feuerwerk und anderen explodirenden
Stoffen zuwiderhandelt, wird an Geld bis
zu hundert Gulden oder mit Arreſt bis
zu dreißig Tagen geſtraft.

Auf Konfiskation der bezeichneten
Gegenſtände iſt zu erkennen, wenn Jemand

solche Gegenstände unbefugt feilbietet, verfertigt oder gegen bestehendes Verbot besitzt oder in größern Quantitäten, als gestattet ist, vorräthig hat.

Art. 170.

Wer den oberpolizeilichen Vorschriften über Verfertigung, Transport und Verkauf von Reibfeuerzeugen und anderen leicht entzündlichen Stoffen zuwiderhandelt, wird an Geld bis zu fünfzig Gulden oder mit Arrest bis zu vierzehn Tagen gestraft.

Art. 171.

An Geld bis zu fünf und zwanzig Gulden werden gestraft:

1) Hausbesitzer und deren Stellvertreter, welche es unterlassen, die in ihren Gebäuden befindlichen Feuerstätten und Kamine in gutem und brandsicherem Zustande zu unterhalten, ungeachtet sie durch die verpflichteten Feuerbeschauer oder Kaminkehrer oder durch die Polizeibehörde auf das Bedürfniß der Ausbesserung aufmerksam gemacht worden sind, oder welche den ihnen besonders eröffneten polizeilichen Anordnungen zur Abstellung feuergefährlicher Zustände in oder an ihren Gebäuden in der festgesetzten Frist nicht entsprechen;

2) Hausbesitzer, deren Stellvertreter, sowie Inhaber einer Miethwohnung,

welche die Reinigung der Kamine
und Rauchrohre innerhalb der polizeilich festgesetzten Zeiträume nicht
geschehen lassen.

Art. 172.

Kaminkehrer und deren Gesellen,
welche in den ihnen angewiesenen Bezirken
die Reinigung der Kamine versäumen, vernachlässigen oder es unterlassen, bei der
Wahrnehmung feuergefährlicher Zustände
die ihnen obliegende Anzeige bei der Ortspolizeibehörde zu machen, werden an Geld
bis zu fünf und zwanzig Gulden oder mit
Arrest bis zu acht Tagen gestraft.

Art. 173.

An Geld bis zu fünf und zwanzig
Gulden werden die zur Feuerbeschau zuge-
zogenen Sachverständigen bestraft, welche
die ihnen obliegende Untersuchung nicht mit
der erforderlichen Sorgfalt vornehmen oder
die wahrgenommenen Mängel nicht der
Wahrheit gemäß angeben.

Art. 174.

Wer ohne genügende Entschuldigung
es unterläßt, bei einem in seiner Wohnung oder in einem dazu gehörigen Gebäude oder Hofraume ausgebrochenen
Brande alsbald die öffentliche Hilfe anzu-
rufen, wird an Geld bis zu fünf und
zwanzig Gulden gestraft.

Unterläßt eine zur Entdeckung von Feuersbrünsten dienstlich verpflichtete Person von einem von ihr wahrgenommenen Brande sofort die ihr obliegende Anzeige zu erstatten, oder macht sich dieselbe einer Mitwirkung zu der Verheimlichung des Brandes schuldig, so wird dieselbe mit Arrest bis zu vierzehn Tagen oder an Geld bis zu fünfzig Gulden gestraft.

Art. 175.

Wer Feuerlöschgeräthschaften, zu deren Beschaffung er nach orts- oder distriktspolizeilichen Vorschriften verpflichtet ist, entweder nicht oder nicht im brauchbaren Zustande hält, wird an Geld bis zu fünf und zwanzig Gulden gestraft.

Uebertretung der Feuerlösch-ordnungen.

An Geld bis zu fünf und zwanzig Gulden oder mit Arrest bis zu acht Tagen wird gestraft, wer sonstigen Bestimmungen der durch orts- oder distriktspolizeiliche Vorschrift erlassenen Feuerlöschordnungen zuwiderhandelt.

Art. 176.

Die nach Maßgabe der Art. 166 bis 175 erkannten Geldstrafen fließen zu zwei Dritttheilen in die Armenkasse des Ortes der Uebertretung.

Gemeinschaft-liche Bestim-mung.

Art. 177.

Uebertretungen des Gesetzes vom 28. Mai 1852, die Feuerversicherungsanstalt für Gebäude in den Gebietstheilen dies-

Uebertret-ungen in Bezug auf Brandver-sicherung.

ſeits des Rheines betreffend, werden nach den Beſtimmungen des genannten Geſetzes geſtraft.

In der Pfalz wird die Verſicherung von Gebäuden bei einer ausländiſchen Immobiliar-Brandverſicherungs-Anſtalt oder Geſellſchaft mit einer fünf vom Hundert der Verſicherungsſumme betragenden und der Immobiliar-Brandverſicherungs-Anſtalt dieſes Kreiſes zuſließenden Geldſtrafe belegt. Hievon macht die Verſicherung jener Gebäude, welchen die Aufnahme in dieſe Verſicherungsanſtalt verweigert iſt, eine Ausnahme.

Art. 178.

An Geld bis zu hundert Gulden wird geſtraft, wer gegen Verordnung:

1) für eine auswärtige zur Ausdehnung ihres Geſchäftes auf das Königreich Bayern nicht ermächtigte Mobiliar-Brandverſicherungs-Geſellſchaft Verſicherungsverträge abſchließt oder vermittelt, oder

2) ohne Bewilligung der zuſtändigen Behörde eine Agentur für Mobiliar-Brandverſicherung errichtet oder nach entzogener Bewilligung die Geſchäfte einer ſolchen fortſetzt, oder

3) unbefugt als Zwiſchenhändler (Unteragent) ſolche Geſchäfte abſchließt oder vermittelt.

In dem Strafurtheile ist zugleich die Schließung solcher unberechtigter Agenturen auszusprechen.

Agenten, welche ungeachtet polizeilicher Warnung ihre Vormerkungsbücher unregelmäßig oder unrichtig führen, werden an Geld bis zu fünf und zwanzig Gulden gestraft.

Art. 179.

Ueberversicherungen von Mobilien, welche durch wissentlich unrichtige Werthsangabe in der Art herbeigeführt werden, daß die in demselben Vertrage versicherte Gesammtsumme den wahren Werth der Versicherungsgegenstände mindestens um den vierten Theil übersteigt, werden an dem Mobilienbesitzer sowie an den betheiligten Schätzern an Geld bis zu dreihundert Gulden gestraft.

Gleicher Strafe unterliegen Doppelversicherungen, mittels deren der bei einer Gesellschaft oder Anstalt bereits versicherte Werth einzelner oder mehrerer Mobilien auch noch bei einer anderen Gesellschaft oder Anstalt versichert wird.

Elftes Haüptſtück.

Uebertretung baupolizeilicher Beſtimmungen.

Art. 180.

Ordnungs-
widrige Bau-
führung in den
Landestheilen
dieſſeits des
Rheins.

In den Landestheilen dieſſeits des Rheines werden Bauherrn, Bauunternehmer und Baugewerksleute an Geld bis zu fünfzig Gulden, womit im Rückfalle Arreſt bis zu acht Tagen verbunden werden kann, geſtraft:

1) wenn ſie einen Neubau oder eine Baureparatur, wozu nach Verordnung polizeiliche Genehmigung erforderlich iſt, ohne dieſe Genehmigung ausführen oder ausführen laſſen;

2) wenn ſie bei einer ſolchen Bauführung eigenmächtig von dem genehmigten Bauplane abweichen und hiebei die feſtgeſeßte Baulinie, die Höhe, Länge, Breite oder Bedachung des Gebäudes willkürlich abändern oder ſonſt einer in den geltenden Verordnungen oder ortspolizeilichen Vorſchriften begründeten baupolizeilichen Anordnung zuwiderhandeln;

3) wenn ſie bei Führung oder Veränderung eines Baues, Errichtung oder Abänderung einer Feuerſtätte ohne von der zuſtändigen Behörde ertheilte Dispenſation von der betreffenden Bauvorſchrift eine Vor-

richtung ausführen oder ausführen lassen, welche durch Verordnung oder ortspolizeiliche Vorschrift wegen Feuersgefahr verboten ist, oder wenn sie hiebei den besonderen Anordnungen zuwiderhandeln, welche auf Grund der bestehenden Verordnungen oder ortspolizeilichen Vorschriften von der Ortspolizeibehörde zur Sicherung gegen Feuersgefahr an sie erlassen worden sind.

Die im Interesse der Verschönerung erlassenen Bestimmungen der bestehenden Verordnungen und ortspolizeilichen Vorschriften können durch Verordnung beziehungsweise ortspolizeiliche Vorschrift aufgehoben, neue baupolizeiliche Anordnungen in Zukunft nur zu dem Zwecke der Feuersicherheit und Festigkeit der Bauführung durch Verordnung oder ortspolizeiliche Vorschrift erlassen werden.

Für die Städte I. Klasse können im Interesse der Verschönerung neue baupolizeiliche Anordnungen durch Verordnung oder ortspolizeiliche Vorschrift getroffen werden. Die hierauf gegründeten Abänderungen des Bauplanes dürfen jedoch die Kosten der Bauführung nicht vermehren.

Art. 181.

In der Pfalz wird an Geld bis zu zehn Gulden gestraft, wer an einer öffent- Ordnungswidrige Bauführung in der Pfalz.

lichen Straße einer Stadt oder eines Dorfes oder an einer Staats- oder Distrikts-straße ein neues Gebäude oder eine neue Mauer aufführt, ohne sich die Baulinie von der zuständigen Behörde abstecken zu lassen.

An Geld bis zu fünfzig Gulden wird gestraft:

1) wer an einer der in Abs. 1 genann-ten Straßen mit eigenmächtiger Ab-weichung von der allgemein festge-setzten oder ihm durch die zuständige Behörde besonders abgesteckten Bau-linie ein neues Gebäude oder eine neue Mauer aufführt oder ohne oberpolizeiliche Erlaubniß an einem bestehenden Gebäude, insoweit dieses der festgesetzten Baulinie nicht ent-spricht, eine zur Verstärkung oder Wiederherstellung desselben dienende Bauarbeit unternimmt;

2) wer den oberpolizeilichen Vorschriften über Feuersicherheit und Festigkeit der Gebäude oder den auf deren Grund erlassenen ortspolizeilichen Anordnungen zuwiderhandelt;

3) wer ohne Bewilligung der zuständi-gen Behörde in einer weniger als 100 Metres betragenden Entfernung von einem im Gebrauche stehenden Leichenacker eine Wohnung errichtet oder einen Brunnen gräbt oder be-

stehende Wohngebäude erneuert oder
vergrößert.

Demselben Strafbestimmungen unterliegen Bauunternehmer, Bau- und Werk-
meister sowie selbstständig arbeitende Pa-
liere, Gesellen und sonstige Bauarbeiter,
welche die im gegenwärtigen Artikel verbotenen Handlungen ausführen.

Neue Anordnungen über die in Abs.
2 Ziff. 2 bezeichneten Gegenstände können
in Zukunft nur durch Verordnung oder
ortspolizeiliche Vorschrift erlassen werden.

Art. 182.

Wer bei Arbeiten an Gebäuden,
Brücken, Brunnen oder sonstigen Bau-
werken die vorgeschriebenen oder üblichen
Warnungszeichen zur Sicherung Vorüber-
gehender nicht aufstellt, wird an Geld bis
zu fünf und zwanzig Gulden gestraft.

Wer bei solchen Arbeiten, bei Aufstellung und Instandhaltung von Bauge-
rüsten oder bei Aufstellung von Schau-
bühnen die zur Abwendung von Gefahren
für Personen und fremdes Eigenthum von
der Ortspolizeibehörde gebotenen oder sonst
erforderlichen Sicherungsmaßregeln unterläßt, wird an Geld bis zu fünfzig Gulden
oder mit Arrest bis zu vierzehn Tagen gestraft.

*Vernachlässig-
ung der bei
Bauten nöth-
igen Sicher-
ungsmaß-
regeln.*

Art. 183.

Uebertret-
ungen der Bau-
meister u. Bau-
handwerker.

Baumeister und Bauhandwerker, welche die durch ortspolizeiliche Vorschriften festgesetzten besonderen Verpflichtungen ihres Berufes übet Anzeige unternommener Bauten und Bauarbeiten vernachlässigen, unterliegen einer Geldstrafe bis zu fünf und zwanzig Gulden.

Art. 184.

Unterlassene
Untersuchung
von Bauten.

Obrigkeitlich aufgestellte Sachverständige, welche die ihnen obliegende Untersuchung eines Baues mit Gefahr für Personen oder fremdes Eigenthum fahrlässiger Weise versäumen, werden, insoferne nicht disciplinäre Ahndung stattfindet, an Geld bis zu fünfzig Gulden gestraft.

Gleicher Strafe unterliegen andere Sachverständige, welche nach übernommenem obrigkeitlichen Auftrage die Untersuchung eines Baues mit Gefahr für Personen oder fremdes Eigenthum fahrlässiger Weise versäumen.

Art. 185.

Unterlassung
der Sicherung
oder Entfern-
ung gefahr-
drohender
Bauten.

Hauseigenthümer und deren Stellvertreter, welche der polizeilichen Aufforderung, Gebäude, welche den Einsturz besorgen lassen, zu versichern, auszubessern oder einzulegen, keine Folge leisten, sind an Geld bis zu fünfzig Gulden oder mit Arrest bis zu vierzehn Tagen zu strafen.

Die Strafe trifft den Baumeister oder Bauhandwerker, welcher die Arbeit übernommen und ohne statthaften Grund in angemessener Zeit nicht ausgeführt hat.

Art. 186.

In den Fällen der Art. 180, 181, 182 Abs. 2 und 185 hat der Polizeirichter im Strafurtheile auszusprechen, daß die Polizeibehörde berechtigt ist, die Beseitigung des ordnungswidrigen Zustandes anzuordnen und zu diesem Zwecke die Sicherstellung, Abänderung, den gänzlichen oder theilweisen Abbruch des betreffenden Bauwerkes oder der betreffenden Vorrichtung zu verfügen.

Befugniß der Polizeibehörden in Bezug auf vorschriftswidrige Bauten und auf Baugebrechen.

Besteht Gefahr auf dem Verzuge, so ist die Polizeibehörde berechtigt, die im vorstehenden Absatze bezeichneten Maßregeln, vorbehaltlich der Strafverfolgung, sofort vorzukehren.

Zwölftes Hauptstück.

Vermögensgefährdungen.

Art. 187.

Gewerbsleute, welche Gold- oder Silberwaaren feilhalten oder verkaufen, die den Verordnungen über Feingehalt und

Verkauf verordnungswidriger Gold- u. Silberwaaren.

Probe solcher Waaren nicht entsprechen, werden an Geld bis zu fünfzig Gulden gestraft, womit die Konfiskation der vorschriftswidrigen Waaren verbunden werden kann.

Art. 188.

Uebertretungen in Bezug auf geschwefelten Hopfen.

Wer den Verordnungen über das Schwefeln des Hopfens und den Verkauf geschwefelten Hopfens zuwiderhandelt, wird an Geld bis zu hundert und fünfzig Gulden gestraft.

Art. 189.

Uebertretungen in Bezug auf Sperrwerkzeuge.

Wer unbefugt Schlüssel abändert oder abändern läßt, Nachschlüssel, Dietriche oder andere Sperrwerkzeuge verfertigt oder verfertigen läßt, wird an Geld bis zu fünfzig Gulden oder mit Arrest bis zu vierzehn Tagen gestraft.

Einer Arreststrafe bis zu vierzehn Tagen unterliegen Personen, welche wegen einer nach dem **XV.**, **XVII.** oder **XVIII.** Hauptstücke des Strafgesetzbuches oder nach dem **IV.** Hauptstücke des gegenwärtigen Gesetzbuches strafbaren That unter Polizeiaufsicht stehen, wenn dieselben im Besitze von Nachschlüsseln, Dietrichen oder anderen Sperrwerkzeugen getroffen werden und den Besitz nicht zu rechtfertigen vermögen.

An Geld bis zu fünfzig Gulden oder mit Arrest bis zu vierzehn Tagen werden Gewerbsmeister, Gesellen, Lehrlinge und Fab=

rikarbeiter gestraft, welche auf Bestellung unbekannter, verdächtiger oder in Diensten Anderer oder unter fremder Gewalt stehender Personen ohne gehörige Vorsicht und Erkundigung Schlüssel verfertigen oder nachmachen oder Schlösser aufsperren, oder welche Schlüssel nach bloßen Abdrücken bearbeiten.

Einer Geldstrafe bis zu fünf und zwanzig Gulden unterliegen Trödler, welche Schlüssel ohne das dazu gehörige Schloß oder andere Sperrwerkzeuge verkaufen oder feilhalten.

In allen Fällen des gegenwärtigen Artikels unterliegen die Gegenstände des verbotenen Verkehrs der Konfiskation.

Art. 190.

Trödler und Inhaber von Versteigerungsbureaux, welche den durch ober- oder ortspolizeiliche Vorschriften zur Ueberwachung ihres Geschäftsbetriebes erlassenen Anordnungen zuwiderhandeln, werden an Geld bis zu fünfzig Gulden gestraft.

Uebertretungen der Trödler und Inhaber von Versteigerungsbureaux.

Art. 191.

Wer gegen gesetzliches Verbot Versteigerungen von Mobilien oder unbeweglichen Gütern vornimmt, wird an Geld bis zu fünfzig Gulden gestraft.

Ungesetzliche Vornahme von Versteigerungen.

Art. 192.

Wer ohne Berechtigung eine Leihanstalt unterhält oder gewerbsmäßig auf

Uebertretungen in Bezug auf Leihgeschäfte.

Pfänder leiht, unterliegt einer Geldstrafe bis zu hundert und fünfzig Gulden, womit im Rückfalle Arrest bis zu vierzehn Tagen verbunden werden kann.

Zugleich ist die Schließung solcher unberechtigter Anstalten im Straferkenntnisse auszusprechen.

Berechtigte Unternehmer einer Privatleihanstalt oder deren Geschäftsführer, welche den für ihren Geschäftsbetrieb erlassenen Anordnungen der zuständigen Behörde zuwiderhandeln, werden an Geld bis zu fünfzig Gulden gestraft.

Art. 193.

Unberechtigte Errichtung von Versicherungsanstalten, Renten- und ähnlichen Kassen.

An Geld bis zu hundert Gulden wird gestraft, wer ohne Genehmigung der zuständigen Behörde eine Versicherungsanstalt, eine Renten-, Aussteuer-, Sterbe-, Wittwen-, Waisen-, Sparkasse oder eine sonstige Anstalt errichtet, welche bestimmt ist, gegen Zahlung eines Einkaufgeldes oder gegen Leistung periodischer Geldbeiträge bei dem Eintritte gewisser Bedingungen Zahlungen an Kapital oder an Rente zu leisten. Zugleich ist auf Schließung der betreffenden Anstalt zu erkennen.

Einer Geldstrafe bis zu fünfzig Gulden unterliegt, wer für eine nicht genehmigte Anstalt der in Abs. 1 bezeichneten Art Theilnehmer wirbt, und wer den bei Ertheilung der Bewilligung zur Errich-

ung einer solchen Anstalt festgesetzten Bedingungen zuwiderhandelt.

_____

Dreizehntes Hauptstück.

Uebertretungen in Bezug auf Maß und Gewicht, Polizeitaxen, Viktualien= und Marktpolizei.

Art. 194.

Wer im öffentlichen Verkehre Maße, Gewichte oder Waagen anwendet, welche nicht mit den durch Gesetz oder Verord= nung vorgeschriebenen Proben oder Aichen versehen oder nicht im richtigen Stande erhalten sind, wird neben der Konfiskation dieser Gegenstände an Geld bis zu fünf= und zwanzig Gulden gestraft.

Uebertret-
ungen in Bezug
auf Maß und
Gewicht.

Auf Gewerbtreibende sind diese Be= stimmungen schon dann anwendbar, wenn solche Maße, Gewichte oder Waagen in ihren Geschäftslokalitäten oder Verkaufs= buden vorgefunden werden. Gleiches ist bei Personen der Fall, welche auf öffent= lichen Märkten nach Maß oder Gewicht verkaufen und daselbst im Besitze solcher Maße, Gewichte oder Waagen getroffen werden.

An Geld bis zu fünf und zwanzig Gulden werden Gewerbtreibende gestraft, welche mit jenen Maßen, Gewichten oder

Waagen nicht versehen sind, welche sie nach ober⸗ oder ortspolizeilicher Vorschrift zu halten haben.

Art. 195.

An Geld bis zu fünfzehn Gulden wird gestraft, wer in den Landestheilen diesseits des Rheines den oberpolizeilichen Vorschriften, in der Pfalz den Gesetzen oder den nach Maßgabe derselben erlassenen oberpolizeilichen Vorschriften bezüglich der Verifikation von Maßen, Gewichten und Waagen zuwiderhandelt.

Art. 196.

Uebertretungen in Bezug auf Polizeitaxen und den Verkehr mit Lebensmitteln.

Soweit nicht für einzelne Fälle etwas Anderes gesetzlich bestimmt ist, werden Gewerbtreibende, welche der für bestimmte Lebensmittel oder Arbeiten von der zuständigen Polizeibehörde festgesetzten Taxordnung durch Ueberforderung zuwiderhandeln, oder welche Lebensmittel feilbieten, die an Maß, Gewicht oder Beschaffenheit dem taxordnungsmäßigen Gehalte nicht entsprechen, an Geld bis zu fünf und zwanzig Gulden gestraft. Zugleich kann auf Konfiskation der feilgebotenen, sowie der in den Verkaufslokalitäten der betreffenden Gewerbsleute vorgefundenen taxordnungswidrigen Waaren erkannt werden.

Dieselben Bestimmungen sind an jenen Orten, an welchen polizeiliche Brodtaxen nicht bestehen, in Bezug auf Bäcker

und Brodhändler anwendbar, welche Brod=
waaren von bestimmtem Gewicht feilbieten,
die das erforderliche Gewicht nicht haben.

Soweit nicht nach den dermalen be=
stehenden Gesetzen und Verordnungen
Taxirung bestimmter Lebensmittel und Ar=
beiten zulässig ist, kann diese nur durch
Gesetz eingeführt werden.

Art. 197.

In den Landestheilen diesseits des
Rheines werden Brauer, welche ohne Er=
laubniß der zuständigen Behörde außerhalb
der bestimmten Sudzeit Bier sieden, an
Geld bis zu fünfzig Gulden gestraft.

Die gesetzlich bestimmte Sudzeit kann
durch Verordnung ausgedehnt werden.

Einer Geldstrafe bis zu fünf und
zwanzig Gulden unterliegen schenkberechtigte
Brauer und Wirthe, welche bei der Ver=
leitgabe von Bier die von der zuständigen
Behörde festgesetzte Polizeitaxe überschreiten
oder ohne besondere Erlaubniß Bier unter
der Taxe ausschenken, desgleichen Brauer,
welche gegen oberpolizeiliches Verbot Nach=
bier an Wirthe ablassen, und Wirthe,
welche gegen solches Verbot Nachbier ver=
leitgeben.

Wirthen, welche zugleich Oekonomie
besitzen, kann der Bezug von Nachbier
zum eigenen Hausbedarf nicht verwehrt
werden.

In Bezug auf sonstige Uebertretungen
der bestehenden Gesetze über die Regulir-
ung des Biersatzes und über die Verhält-
nisse der Brauer und Wirthe unter sich
und zu dem Publikum bleiben die in denselben enthaltenen Strafbestimmungen für
die Landestheile diesseits des Rheines vorbehalten.

Art. 198.

Bäcker, Brod- und Mehlhändler,
schenkberechtigte Brauer und Bierwirthe,
Metzger und andere zum Feilbieten von
Fleisch berechtigte Personen werden an
Geld bis zu zehn Gulden gestraft, wenn
sie gegen ortspolizeiliche Vorschrift unterlassen, die für Brod, Mehl, Bier und
Fleisch polizeilich festgesetzten Taxen an oder
in ihren Verkaufslokalitäten auf eine für
den Käufer sichtbare Weise anzuschlagen.

Soweit für diese Verkaufsgegenstände
Polizeitaxen nicht bestehen, werden die bezeichneten Gewerbtreibenden

1) an Geld bis zu zehn Gulden gestraft, wenn sie gegen ortspolizeiliche
Vorschrift es unterlassen, die Preise
ihrer Verkaufsgegenstände an oder
in ihren Gewerbslokalitäten auf eine
für die Käufer sichtbare Weise anzuschlagen;

2) an Geld bis zu fünf und zwanzig
Gulden, wenn sie die von ihnen

angezeigten Preise überschreiten oder gegen ortspolizeiliche Vorschrift eine Erhöhung ihrer Preise eintreten lassen, ohne wenigstens drei Tage vorher der Ortspolizeibehörde davon Anzeige gemacht oder deren Bewilligung zur früheren Aenderung der Preise erlangt zu haben.

Art. 199.

Die im vorhergehenden Artikel genannten Gewerbetreibenden unterliegen einer Geldstrafe bis zu fünf und zwanzig Gulden, wenn sie ohne genügenden Entschuldigungsgrund, solange ihre Vorräthe reichen, einem Käufer die Abgabe ihrer Verkaufsgegenstände gegen Zahlung verweigern.

Bäcker, Metzger, Müller und Bierwirthe, welche den Betrieb ihres Gewerbes ohne genügende Entschuldigung einstellen, ohne solches wenigstens vierzehn Tage zuvor der Ortspolizeibehörde angezeigt zu haben, werden an Geld bis zu fünfzig Gulden gestraft.

Art. 200.

An Geld bis zu zehn Gulden werden gestraft:

1) Bäcker, welche den ortspolizeilichen Vorschriften über Bezeichnung bestimmter Brodwaaren mit auf denselben aufgedrückten Zeichen und das

Ausbacken bestimmter Brodwaaren nach den herkömmlichen oder polizeilich festgesetzten Gewichtsgrößen zuwiderhandeln;

2) Metzger und andere zum Feilbieten von Fleisch berechtigte Personen, welche den ortspolizeilichen Vorschriften über das Schlachten von Vieh außer den öffentlichen Schlachthäusern, die Schlachtordnung in den letzteren, den Verkauf von Fleisch außer den öffentlichen Fleischbänken und die Ordnung des Verkaufs in den letzteren, sowie über Güte und Gewicht der Zuwagen zuwiderhandeln.

Art. 201.

An Geld bis zu fünfzig Gulden wird gestraft:

1) wer an Orten, an welchen die Preise von Getreide, Hopfen oder Schlachtvieh zum Zwecke polizeilicher Taxbestimmungen amtlich zu ermitteln sind, in Bezug auf solche Gegenstände Scheinverträge abschließt oder erdichtete Verträge der Behörde als abgeschlossen anzeigt;

2) wer die nach Gesetz oder polizeilicher Vorschrift ihm obliegende Anzeige wirklich abgeschlossener Verträge über die in Ziff. 1 bezeichneten Gegen-

ſtände verabſäumt oder hiebei wiſſentlich bezüglich des Preiſes oder der
auf das Preisverhältniß Einfluß
übenden Vertragsbeſtimmungen unwahre oder unvollſtändige Angaben
macht;

3) wer wiſſentlich zu den in Ziff. 1
und 2 bezeichneten Handlungen mitwirkt.

Die in Ziff. 2 angeführten polizeilichen Vorſchriften werden von jenen
Behörden erlaſſen, in deren Zuſtändig-
keit die Feſtſtellung der betreffenden Taxe
liegt.

Art. 202.

Zuwiderhandlungen gegen die durch
ortspolizeiliche Vorſchrift feſtgeſetzten Ordnungen für den Verkehr mit Getreide auf
öffentlichen Getreideſchrannen werden an
Geld bis zu fünfzig Gulden geſtraft.

Zuwiderhand-
lungen gegen
die Marktord-
nung.

Zuwiderhandlungen gegen die durch
ortspolizeiliche Vorſchrift feſtgeſetzten Ordnungen für den Verkehr auf Meſſen und
Jahrmärkten, auf Vieh-, Holz- und
Viktualienmärkten und auf Märkten für
den Verkehr mit Rohſtoffen oder Waaren
irgend einer Art werden an Geld bis zu
fünf und zwanzig Gulden geſtraft.

Zuwiderhandlungen gegen ortspolizeiliche Vorſchriften über das Herumtragen

verkäuflicher Lebensmittel und sonstiger
Gegenstände des gewöhnlichen Marktverkehres auf der Straße und das Hausiren
mit denselben werden an Geld bis zu
zehn Gulden gestraft.

Durch die ortspolizeilich festgesetzten
Schrannen = oder Marktordnungen kann
weder der Handel mit Gegenständen des
Marktverkehres, welche noch nicht in die
Markung des Marktortes gebracht worden
sind, verboten, noch der Einkauf auf dem
Markte während eines Theiles der Markt-
zeit für bestimmte Klassen von Personen
untersagt, noch die freie Abfuhr der am
Markt= oder Schrannentage unverkauft ge-
bliebenen Vorräthe verboten oder beschränkt
werden.

Art. 203.

Gemeinschaft-
liche Bestim-
mung.

Die nach Maßgabe der Art. 200 bis
202 erkannten Geldstrafen fließen zu zwei
Dritttheilen in die Armenkasse des Ortes
der Betretung. Die auf Grund der Art.
196 und 197 konfiszirten Gegenstände
sind, insoweit sie nicht zur Vernichtung bestimmt sind, der Armenpflege desselben
Ortes zu überlassen.

Vierzehntes Hauptstück.

Uebertretungen in Bezug auf Gewerbs- und Erwerbs-Polizei.

Art. 204.

Unberechtigte Haufirer werden, insoferne das Gesetz in Bezug auf das Hausiren mit besonderen Arten von Gegenständen nichts Anderes verordnet, an Geld
bis zu fünf und zwanzig Gulden, im Rückfalle an Geld bis zu fünfzig Gulden oder
mit Arrest bis zu vierzehn Tagen gestraft.

In gleicher Weise werden Handels-
leute, Handlungsreisende und ständige
Handelsagenten gestraft, welche mit oder
ohne Muster Bestellungen aufsuchen, insoferne solches nicht bei berechtigten Kauf-
leuten oder bei berechtigten Fabrikanten
und Gewerbsleuten bezüglich der für deren
Fabrikation oder Gewerbe erforderlichen
Stoffe und Werkzeuge geschieht.

Die Bestimmung des Abs. 2 findet
auf Wein-, Kunst- und Schreibmaterialien-
händler, auf Reisende und Agenten von
solchen, insoferne letztere die nach Verordnung erforderlichen persönlichen Eigen-
schaften besitzen, keine Anwendung. Außerdem können durch Verordnung auch zu
Gunsten anderer Gewerbe für das ganze
Land oder für einzelne Theile Ausnahmen
gemacht werden.

Unberechtigtes
Haufiren.

Polizeistrafgesetzbuch.   8

Art. 205.

Uebertretung der Hafen- und Ländeordnungen.

Einer Geldstrafe bis zu fünf und zwanzig Gulden unterliegt die Uebertretung der durch ortspolizeiliche Vorschrift erlassenen Hafen- und Ländeordnungen, soweit nicht nach Maßgabe des Gesetzes vom 28. Mai 1852, die Benützung des Wassers betreffend, eine höhere Strafe zulässig ist.

Art. 206.

Uebertretung der Lohnkutscher-, Boten- u. Stellwagen-Ordnungen.

Die Uebertretung der durch oberpolizeiliche Vorschrift erlassenen Ordnungen für Lohnkutscher, Stellwagenunternehmer, Land- und Wasserboten wird an Geld bis zu fünf und zwanzig Gulden oder mit Arrest bis zu acht Tagen gestraft.

Die zur Zeit bestehenden Beschränkungen der Gewerbsbefugnisse der in Abs. 1 bezeichneten Personen können durch oberpolizeiliche Vorschrift aufgehoben, neue Beschränkungen solcher Befugnisse aber in Zukunft nur durch Gesetz eingeführt werden.

Art. 207.

Uebertretung der Ordnungen für die im öffentlichen Interesse für bestimmte Dienstleistungen besonders aufgestellten Personen.

An Geld bis zu fünf und zwanzig Gulden werden Personen gestraft, welche gewerbsmäßig ohne polizeiliche Bewilligung an öffentlichen Orten Transportmittel zu Jedermanns Gebrauche bereit halten oder ihre Dienste als Lohnbediente oder Fremdenführer anbieten.

An Geld bis zu zehn Gulden oder mit Arreſt bis zu 3 Tagen, im Rückfalle an Geld bis zu fünf und zwanzig Gulden oder mit Arreſt bis zu acht Tagen werden berechtigte Unternehmer der in Abſ. 1 bezeichneten Transportmittel und deren Bedienſtete, ſowie Lohnbediente und Fremdenführer geſtraft, wenn ſie den durch ortspolizeiliche Vorſchrift erlaſſenen Ordnungen für die betreffende Verrichtung zuwiderhandeln.

Einer Geldſtrafe bis zu fünf und zwanzig Gulden unterliegen Perſonen, welche ſich mit den Verrichtungen von Güterſchaffnern, Schrötern, Güterladern, Güterführern, Gepäck- oder Laſtträgern, mit dem Meſſen oder Abwägen von Gegenſtänden, mit dem Reinigen oder Ankleiden von Leichen oder mit Dienſtleiſtungen bei Leichenfeierlichkeiten unbefugt und gewerbsmäßig befaſſen, inſoferne für die betreffende Dienſtleiſtung von der Gemeindebehörde oder einer ſonſtigen hiezu befugten Behörde oder Anſtalt Perſonen mit ausſchließlicher Berechtigung aufgeſtellt ſind.

An Geld bis zu zehn Gulden oder mit Arreſt bis zu drei Tagen, im Rückfalle an Geld bis zu fünf und zwanzig Gulden oder mit Arreſt bis zu acht Tagen werden Perſonen geſtraft, welche von der Gemeindebehörde für die in Abſ. 3 genannten Verrichtungen aufgeſtellt ſind, wenn

8*

sie den durch ortspolizeiliche Vorschrift er=
lassenen Ordnungen für die betreffenden
Verrichtungen zuwiderhandeln.

Art. 208.

Wer ausser den im gegenwärtigen Ge=
setzbuche besonders vorgesehenen Fällen ein
Gewerbe, zu dessen Betrieb eine besondere
Konzession erforderlich ist, ausübt, ohne
eine solche erlangt zu haben, und wer ein
solches Gewerbe auszuüben fortfährt, nach=
dem die Ausübung desselben von der zu=
ständigen Behörde auf bestimmte Zeit ein=
gestellt oder gänzlich eingezogen worden ist,
wird an Geld bis zu fünfzig Gulden ge=
straft, womit im Rückfalle Arrest bis zu
vierzehn Tagen verbunden werden kann.

Wer in den Landestheilen diesseits
des Rheines einen Erwerbszweig, welcher
nach Art. 8 des Gesetzes vom 11. Septem=
ber 1825, die Grundbestimmungen für das
Gewerbswesen betreffend, zu den freien
Gewerben oder Erwerbsarten gehört, dessen
Betrieb jedoch nach bestehenden Verord=
nungen durch die Lösung eines polizeilichen
Licenzscheines bedingt ist, ausübt, ohne die=
ser Bedingung entsprochen zu haben, und
wer einen solchen Erwerbszweig auszuüben
fortfährt, nachdem der Licenzschein von der
zuständigen Behörde ihm wieder entzogen
worden ist, wird an Geld bis zu fünf
und zwanzig Gulden gestraft.

Der letztgenannten Strafe unterliegen Gewerbsinhaber und Inhaber von Licenz=scheinen in den Landestheilen diesseits des Rheines, welche ihre Befugnisse über=schreiten, desgleichen Gewerbsleute in der Pfalz, welche sich bei Ausübung ihres Ge=werbes eines Uebergriffes in die ausschließ=lichen Befugnisse eines andern Gewerbes schuldig machen, zu dessen Betrieb eine be=sondere Konzession erforderlich ist.

Eingriffe in die Befugnisse der In=haber von Gewerbsprivilegien werden nach Art. 9 des Gesetzes vom 11. September 1825, die Grundbestimmungen für das Gewerbswesen betreffend, welcher auch für die Pfalz in gesetzliche Kraft tritt, gestraft.

Vorbehaltlich der Strafverfolgung ist die Polizeibehörde befugt, den unberechtig=ten Betrieb einzustellen.

Art. 209.

In welchen Fällen zur Ausübung eines Gewerbes oder Erwerbszweiges mit Einschluß des Verkehrs auf Messen und Märkten eine besondere polizeiliche Be=willigung erforderlich ist, und welche Be=fugnisse den einzelnen Gewerb= und Er=werbtreibenden zustehen, ist außer den für einzelne Fälle getroffenen Anordnungen des gegenwärtigen Gesetzbuches nach den in jedem Landestheile bestehenden gesetzlichen Bestimmungen, sowie nach den auf Grund

Beurtheilung der Gewerbs=berechtigungen.

der letzteren erlassenen Verordnungen oder oberpolizeilichen Vorschriften in den Landestheilen diesseits des Rheines, ausserdem nach den in Gemäßheit des Art. 5 Ziff. 1 des Gesetzes vom 11. September 1825, die Grundbestimmungen für das Gewerbswesen betreffend, erlassenen Ordnungen und dem rechtlich begründeten Herkommen zu bemessen.

Der Handel mit Vieh und Getreide, mit inländischen Bodenerzeugnissen und Rohstoffen, sowie mit den gewöhnlichen den Gegenstand des Wochenmarktverkehrs bildenden Lebensmitteln ist freigegeben und soll im Verordnungswege weiteren Beschränkungen, als im gegenwärtigen Gesetzbuche vorgesehen sind, nicht unterworfen werden.

Die Berechtigung der Ausländer zur Ausübung des Handels mit den in Abs. 2 bezeichneten Gegenständen wird durch Verordnung geregelt.

Art. 210.

Uebertretungen der Handwerksgesellen, Gewerbsgehilfen und Fabrik-Arbeiter.

Gewerbsgehilfen und Handwerksgesellen in den Landestheilen diesseits des Rheines, welche bei einem Gewerbsherrn oder Meister aufgenommen sind und einzelne Gewerbs- oder Handwerksarbeiten für eigene Rechnung unternehmen, Gewerbsherren und Meister, welche das Arbeiten ihrer Gehilfen oder Gesellen für eigene Rech-

nung dulden, werden an Geld bis zu fünf
und zwanzig Gulden, womit im Rückfalle
Arrest bis zu acht Tagen verbunden werden kann, gestraft.

Art. 211.

Handwerksgesellen, Gewerbsgehilfen
und Fabrikarbeiter, welche den sogenannten
blauen Montag feiern, werden an Geld
bis zu zehn Gulden oder mit Arrest bis
zu drei Tagen gestraft.

Gleicher Strafe unterliegen die genannten Personen, wenn sie ohne genügenden Rechtfertigungsgrund zur bedungenen
Zeit nicht in Arbeit oder vor Ablauf der
bedungenen Zeit aus der Arbeit treten oder
sich der Arbeit an den dazu bestimmten
Tagen oder Stunden entziehen, auf Antrag
des Fabrikherrn oder Meisters oder dessen
Stellvertreters, insoferne ein solcher Antrag
binnen vierzehn Tagen nach der Uebertretung
gestellt wird.

Unabhängig von der Strafverfolgung
ist die Polizeibehörde berechtigt, die Uebertreter im Falle der Zuwiderhandlung gegen
Abs. 2 auf Antrag des Gewerb- oder
Fabrikherrn oder dessen Stellvertreters, im
Falle der Zuwiderhandlung gegen Abs. 1
auch ohne solchen Antrag zur Arbeit
zwangsweise vorführen zu lassen.

Art. 212.

Gefellen- und Handwerks-Mißbräuche.

Handwerksgesellen, Gewerbsgehilfen und Fabrikarbeiter, welche sich ein Straf-recht über Meister, Arbeitgeber, Gesellen oder Mitarbeiter anmaßen oder sich an Verrufserklärungen oder anderen durch ober-polizeiliche Vorschrift verbotenen Hand-werksmißbräuchen betheiligen, sind mit Arrest bis zu vierzehn Tagen oder an Geld bis zu fünfzig Gulden zu strafen.

Gleicher Strafe unterliegen Gewerbs-meister, welche sich bei solchen Uebertret-ungen betheiligen.

Art. 213.

Uebertretung der Bestimm-ungen über die Verwendung von jugendli-chen Personen in Fabriken und Gewerken.

An Geld bis zu fünfzig Gulden werden Inhaber von Fabriken, Berg-, Hütten- oder Schlagwerken oder sonstigen größeren Gewerken und deren Stellvertreter gestraft, wenn sie den Verordnungen über Beschäftigung jugendlicher Personen unter sechzehn Jahren zuwiderhandeln.

Im Rückfalle kann die Strafe bis zu hundert Gulden erhöht werden und ist außerdem der Polizeirichter ermächtigt, dem Bestraften die Beschäftigung von Personen unter sechzehn Jahren auf bestimmte Zeit, jedoch nicht auf länger als auf zwei Jahre, zu untersagen.

Zuwiderhandlungen gegen solche Ver-bote sind mit Geldstrafe bis zu hundert

Gulden, womit Arreſtſtrafe bis zu acht Tagen verbunden werden kann, zu ſtrafen.

Die auf Grund dieſes Artikels er-kannten Geldſtrafen fallen zu zwei Dritt-theilen in die Armenkaſſe des Ortes der Uebertretung.

--- ◆ ---

Fünfzehntes Hauptſtück.

Uebertretungen in Bezug auf das Dienſtbotenweſen.

Art. 214.

Einer Arreſtſtrafe bis zu drei Tagen oder einer Geldſtrafe bis zu zehn Gulden unterliegen Dienſtboten, welche:

Uebertret-ungen der Dienſtboten und Dienſt-herrſchaften.

1) im Falle ſie ſich weiter verdingen, ihrer Dienſtherrſchaft nicht rechtzeitig auffündigen,

2) ſich an mehrere Dienſtherrſchaften zugleich verdingen,

3) ohne genügenden Rechtfertigungs-grund zur bedungenen oder geſetz-lichen Zeit nicht in den Dienſt ein-treten,

4) ohne genügenden Rechtfertigungs-grund vor Ablauf der bedungenen oder geſetzlichen Dienſtzeit den Dienſt verlaſſen,

5) an abgeschafften Feiertagen oder anderen Werktagen das Arbeiten verweigern,

6) zur Arbeitszeit sich in Wirthshäusern,
auf Spielplätzen oder in Winkel-
kneipen herumtreiben,

7) hartnäckigen Ungehorsam oder Wider-
spenstigkeit gegen die Befehle der
Dienstherrschaft oder deren Stellvertreter sich zu Schulden kommen
lassen oder gegen dieselben die Pflicht
der schuldigen Achtung gröblich verletzen, oder

8) ohne Erlaubniß der Dienstherrschaft
oder deren Stellvertreters Jemanden
beherbergen oder zur Nachtzeit die
Behausung ordnungswidrig verlassen.

Verlassen landwirthschaftliche Dienstboten ohne genügenden Rechtfertigungs-
grund zur Erntezeit den Dienst, so kann
auf Arrest bis zu acht Tagen erkannt und
derselbe geschärft werden.

Die unter Ziff. 3, 4, 5 und 7 bezeichneten Uebertretungen werden nur dann
gestraft, wenn binnen 14 Tagen nach ver-
übter That ein desfallsiger Antrag der
Dienstherrschaft oder ihres Stellvertreters
gestellt worden ist.

Unabhängig von der Strafverfolgung
steht der Polizeibehörde die Befugniß zu,
Dienstboten, welche widerrechtlich den An-

tritt oder die Fortsetzung des Dienstes ver=
weigern, der Dienstherrschaft auf ihren oder
ihres Stellvertreters Antrag zwangsweise
vorzuführen.

Art. 215.

An Geld bis zu fünf Gulden, im
Rückfalle bis zu zehn Gulden, werden
Dienstherrschaften gestraft, welche den
distrikts= oder ortspolizeilichen Vorschriften
über die Anzeige des Ein= und Austrittes
von Dienstboten, sowie über die Vorlage
und Aufbewahrung der Dienstbücher zu=
widerhandeln.

Einer Geldstrafe bis zu fünf Gulden
unterliegen Dienstboten, welche von ihrer
Dienstherrschaft den Auftrag erhalten ha=
ben, anstatt derselben ihren Dienst=Ein=
oder Austritt bei der Ortspolizeibehörde
zur Anzeige zu bringen, und diese Anzeige
verabsäumen.

Art. 216.

An Geld bis zu zehn Gulden wird
gestraft, wer wissentlich einen bereits ver=
dungenen Dienstboten für die nämliche
Zeit für sich dingt oder einem Dienstboten
bei Auflösung des Dienstverhältnisses poli=
zeilicher Aufforderung ungeachtet die Aus=
stellung des Zeugnisses im Dienstbuche ver=
weigert.

Art. 217.

Mit Arrest bis zu acht Tagen oder an Geld bis zu fünf und zwanzig Gulden werden Dienstherrschaften und Dienstboten gestraft, welche bei Eingehung eines Dienstvertrages unsittliche Bedingungen festsetzen.

Gleicher Strafe unterliegen diejenigen, welche in einen Schrindienst treten oder einen solchen gestatten.

Art. 218.

Uebertret-
ungen der Ge-
sindeverdinger.

Wer ohne die nach ortspolizeilicher Vorschrift erforderliche Bewilligung sich mit der Verdingung von Dienstboten gewerbsmäßig befaßt, wird an Geld bis zu fünf und zwanzig Gulden gestraft.

Gleicher Strafe unterliegt, wer sich mit der Verdingung von Dienstboten gewerbsmäßig befaßt und wissentlich einen bereits verdungenen Dienstboten einer anderen Herrschaft zur Dingung empfiehlt.

Art. 219.

Gemeinschaft-
liche Bestimm-
ung.

Die nach Maßgabe der Artikel 214 bis 218 erkannten Geldstrafen fließen zu zwei Dritttheilen in die Armenkasse des Ortes der Uebertretung.

Sechzehntes Hauptſtück.

Uebertretungen in Bezug auf Land- und forſt-
wirthſchaft, Jagd- und Fiſcherei.

Art. 220.

Wer das Privatbeſchälgeſchäft, ohne
einen durch Verordnung vorgeſchriebenen
Erlaubnißſchein erlangt zu haben, gegen
Bezahlung oder ſonſtige Vergütung ausübt oder den ihm angewieſenen Bezirk
überſchreitet, unterliegt einer Geldſtrafe bis
zu fünfzig Gulden, welche zur Belohnung
für das zur Beaufſichtigung des Beſchäl-
weſens aufgeſtellte Unterperſonal verwendet
wird.

Unberechtigte Ausübung des Privatbeſchäl-geſchäftes.

Art. 221.

An Geld bis zu fünfzehn Gulden
wird geſtraft, wer, ohne den durch Verordnung vorgeſchriebenen Erlaubnißſchein
erlangt zu haben, Zuchtſtiere, welche zur
Benützung für die geſammte Rindviehzucht
einer Gemeinde beſtimmt ſind, zur Zucht
verwendet, verwenden läßt oder auf Ge-
meindeweiden treibt.

Unbefugte Ver-wendung von Zuchtſtieren.

Art. 222.

Wer gegen ortspolizeiliches Verbot
ſein Vieh außerhalb geſchloſſener Höfe
oder anderer umfriedeter Räume ohne gehörige Aufſicht umherlaufen läßt, wird an
Geld bis zu fünf Gulden geſtraft.

Verbotenes Umherlaufen-laſſen von Vieh.

Art. 223.

Uebertret-
ungen in Bezug
auf Viehweide. An Geld bis zu zehn Gulden wird geſtraft:

1) wer die Viehweide zur Nachtzeit ausübt oder ausüben läßt;

2) wer das während der Nachtzeit im Freien in Hürden oder anderen geſchloſſenen Räumen bleibende Vieh vor Sonnenaufgang auf die Weide bringt oder ſpäter als eine Stunde nach Sonnenuntergang wieder eintreibt;

3) wer Weidevieh, welches nicht während der Nachtzeit im Freien in Hürden oder anderen geſchloſſenen Räumen verbleibt, ſpäter als eine Stunde nach Sonnenuntergang zu Stalle bringt oder früher als eine Stunde vor Sonnenaufgang zur Hut wieder austreibt.

Eine Ausnahme von dem Verbote der Nachtweide tritt bei der Alpenweide und bei der Weide auf jenen Grundſtücken ein, welche von allen Seiten ſo umſchloſſen ſind, daß dadurch das Austreten des Viehes verhindert wird.

Weitere Ausnahmen von dem Verbote der Nachtweide ſind von der Kreisverwaltungsſtelle für ſolche Gegenden zu machen, in welchen die Nachtweide auf nicht umſchloſſenen Grundſtücken bisher

üblich gewesen ist oder nach den eigen-
thümlichen wirthschaftlichen Verhältnissen
nicht entbehrt werden kann. Hierbei hat
die Kreisverwaltungsstelle zugleich die Befugniß, die zum Schutze gegen Beschädigungen und Mißbräuche erforderlichen Vorschriften zu erlassen, deren Uebertretung die
in dem gegenwärtigen Artikel bestimmte
Strafe nach sich zieht.

Art. 224.

An Geld bis zu zehn Gulden wird
gestraft, wer Vieh, welches weder durch
genügende Umfriedung des Weideplatzes
noch durch Anbinden an dem Austreten
in fremde Grundstücke gehindert ist, ohne
Hirten weiden läßt.

Gleicher Strafe unterliegt, wer zur
Hut schulpflichtige Kinder mit Versäumung
ihrer Schulpflicht verwendet.

Art. 225.

Einer Geldstrafe bis zu zehn Gulden
unterliegt, wer den ober- oder ortspolizeilichen Vorschriften zuwiderhandelt, welche
zur Vermeidung von Mißbräuchen bei der
Ausübung der Einzelhut auf ungeschlossenen,
eigenen oder fremden, Grundstücken erlassen
werden.

Art. 226.

Einer Geldstrafe bis zu zehn Gulden
unterliegt:

Uebertretung
feldpolizeilicher
Vorschriften.

1) wer den ortspolizeilichen Vorschriften über die Schließung der Weinberge und den Anfang der Weinlese in solchen Weinbergen, die weder gänzlich eingeschlossen sind, noch vereinzelt liegen, zuwiderhandelt;

2) wer Obstbäume, Gesträuche oder Hecken innerhalb des von der Ortspolizeibehörde bestimmten Umkreises und öffentlich bekannt gemachten Termines von Raupen und Raupennestern nicht gehörig reinigt;

3) wer Hausgeflügel während der durch ortspolizeiliche Vorschrift verbotenen Zeit auf die Felder auslaufen läßt oder Feldtauben zur Saat- oder Erndtezeit innerhalb des durch die Ortspolizeibehörde bestimmten und öffentlich bekannt gemachten Termines nicht eingeschlossen hält;

4) wer den distrikts- oder ortspolizeilichen Vorschriften zuwiderhandelt, durch welche den Grundbesitzern gemeinschaftliche Leistungen zum Schutze der Fluren gegen schädliche Thiere auferlegt werden.

Art. 227.

Zuwiderhandlungen gegen ortspolizeiliche Vorschriften über die Nachlese in Feldern und Weinbergen oder gegen sonstige von der Ortspolizeibehörde zum Schutze des landwirthschaftlichen Eigenthumes, der Feldwege und der auf der Flurmarkung befindlichen Abzugsgräben erlassene feldpolizeiliche Vorschriften werden an Geld bis zu fünf Gulden gestraft.

Art. 228.

Die auf Grund der Artikel 221 bis 227 erkannten Geldstrafen fließen zu zwei Dritttheilen in die Armenkasse des Ortes der Uebertretung.

Art. 229.

Die Uebertretung der gesetzlichen Bestimmungen über Ausübung der Jagd und der nach Maßgabe des Gesetzes im Verordnungswege erlassenen jagdpolizeilichen Vorschriften wird nach den hierüber bestehenden Gesetzen gestraft.

Uebertretungen in Bezug auf Jagd- und Forstpolizei.

Auf Personen, welche bei Ausübung des Jagdrechtes eine gemäß Art. 70 des gegenwärtigen Gesetzbuches verbotene Waffe führen, sind die Bestimmungen jenes Artikels anwendbar.

Unbeschadet der nach Maßgabe des Abs. 1 verwirkten Strafe unterliegt Wild, welches mit Uebertretung der die Hege oder Hegezeit betreffenden Bestimmungen erlegt wird, desgleichen Wild, welches während der für die betreffende Wildgattung festgesetzten Hegezeit, und nachdem seit deren Eintritt vierzehn Tage verstrichen sind, ohne von der Distriktspolizeibehörde bewilligte Terminsverlängerung zum Verkaufe gebracht wird, der Konfiskation. Der Erlös daraus fließt in die Armenkasse des Ortes der Betretung.

Art. 230.

Die Bestrafung der Uebertretung forstpolizeilicher Bestimmungen richtet sich nach den hierüber bestehenden besonderen Gesetzen.

Art. 231.

Uebertret-
ungen in Bezug
auf Fisch- und
Krebsfang.

Einer Geldstrafe bis zu fünf und zwanzig Gulden oder einer Arreststrafe bis zu acht Tagen unterliegt:

1) wer den bestehenden Fischereiordnungen oder den oberpolizeilichen Vorschriften über die Zeit und Art des Fisch- und Krebsfanges zuwiderhandelt;

2) wer außer der durch Herkommen oder ortspolizeiliche Vorschrift festgesetzten Frist und außer Nothfällen Fischwasser ohne vorgängige rechtzeitige Benachrichtigung des Fischereiberechtigten gänzlich abzapft oder ablaufen läßt;

3) wer unbefugt oder gegen ein ihm besonders eröffnetes distriktspolizeiliches Verbot Fischwasser schlämmt oder aus demselben Binsen, Schilfgewächse oder andere Wasserpflanzen

räumt oder Waſſergräſer an den Rinn-
ſaalen abmäht.

Ein ſolches Verbot kann für die zur
Nutzung des Waſſers oder der Waſſer-
und Uferpflanzen berechtigten Perſonen
nicht auf die Monate Auguſt und September erſtreckt werden.

Bei den unter Ziff. 1 bezeichneten
Uebertretungen kann im Rückfalle Geld-
und Arreſtſtrafe mit einander verbunden
werden.

Die bei der verbotenen Art der Ausübung des Fiſch- und Krebsfanges ge-
brauchten Geräthe werden konfiszirt.

Fiſche, deren Fang während der Laich-
zeit verboten iſt, oder welche das vorge-
ſchriebene Normalmaß oder Normalgewicht
nicht haben, unterliegen der Konfiskation,
wenn ſie zu Markte gebracht oder ſonſtwie
feilgeboten werden.

Die dermalen beſtehenden Fiſchereiord-
nungen können durch oberpolizeiliche Vorſchrift revidirt und abgeändert werden.

Sachregister

über das

Polizeistrafgesetzbuch

für das

Königreich Bayern.

München 1861.

In der Expedition des Gesetz- und Regierungsblattes.

Sachregister.

1*

strafen für Uebertretungen in Bezug auf Straßen=
polizei werden verwendet zur Bildung eines Un=
terstützungsfonds für das Aufsichtspersonal 159.
in Bezug auf die Kanalpolizei für das Unter=
personal für die Kanalschifffahrt 165. die Geld=
strafen für Uebertretungen in Bezug auf das
Beschälwesen werden zu Belohnungen des Auf=
sichtspersonals verwendet 220.

Geldstrafe bis zu 300 Gulden: 179.

— bis zu 150 Gulden: 46. 112. 114. 151. 188.
192.

— bis zu 100 Gulden: 47. 51. 52. 56. 70. 75.
101. 109. 113. 114. 115. 127. 129. 142. 169.
178. 193. 213.

— bis zu 50 Gulden: 48. 51. 55. 58. 59. 60.
70. 72. 75. 79. 84. 94. 103. 108. 112. 121.
125. 126. 128. 138. 143. 149. 150. 152. 165.
170. 174. 180. 181. 182. 184. 185. 187. 189.
190. 191. 192. 193. 197. 199. 201. 202. 204.
208. 212. 213. 220.

— bis zu 25 Gulden: 50. 53. 54. 59. 62. 63.
66. 71. 73. 74. 77. 83. 84. 92. 93. 95. 96.
100. 104. 105. 109. 110. 113. 116. 117. 123.
124. 130. 131. 132. 133. 135. 137. 139. 140.
144. 147. 148. 153. 154. 160. 162. 166. 167.
168. 171. 172. 173. 174. 175. 178. 182. 183.
189. 194. 196. 197. 198. 199. 202. 204. 205.
207. 208. 210. 217. 218. 231.

— bis zu 15 Gulden: 76. 78. 100. 106. 157.
195. 221.

— bis zu 10 Gulden: 49. 57. 60. 61. 62. 64.
65. 67. 82. 91. 99. 107. 109. 111. 118. 119.
120. 122. 124. 132. 141. 142. 145. 146. 150.
152. 153. 156. 158. 161. 181. 198. 200. 202.
207. 211. 214. 215. 216. 223. 224. 225. 226.

— bis zu 5 Gulden: 69. 85. 117. 215. 222. 227.

— bis zu 3 Gulden: 62. 68. 81. 82. 86. 136.

4*